小学3年の学級経営

ギャングエイジの担任術

須永 吉信
Sunaga Yoshinobu

明治図書

はじめに

私がはじめて3年生を担任したのは、教職2年目のことでした。

今でも初日の光景はありありと思い出せます。

「今日が3年生としての第一歩です。いい1年にしたいと思う人は手をあげなさい」

私は第一声でこう言いました。すると、全員がビシッと手をあげたのです。一人ひとりのいきいきした顔が今でも忘れられません。

というのも、私は大卒ですぐに教員になったので、初年度は文字通り右も左もわからず、クラスの子たちに助けられながら、何とか1年間を終えられた状態でした。

「次は失敗できない…、失敗なんてしたら、子どもたちに申し訳ない。この1年がうまくいかなかったら、教師は辞めよう」

と、私は本気で考えていました（今思えば若気の至りなのですが…）。

だから、初日の私はひどい顔をしていたと思いますが、子どもたちのいきいきとした顔に、文字通り救われたのでした。

次に3年生を担任したのは、実に10年後です。はじめての主任として3年生をもちました。10年間、ほとんど高学年を担任していた私は、初日の子どもたちのエネルギーに圧倒されました。低学年での経験も積んでいましたが、エネルギーの質量が違うのです。

「先生に質問がある人？」

と聞くと、身を乗り出して手をあげる子たち。一人ひとりの顔が、自信に満ちあふれていました。久しぶりの3年生のエネルギーに、襟を正したのを覚えています。

もちろん、担任したどのクラスにも思い入れがあります。しかし、特に個性的でカラーが際立っていたのは3年生だったなと思うのです。

低学年には低学年のカラーが、高学年には高学年のカラーがあります。それぞれ「らしさ」が存在し、指導の「定石」が確立されています。

特に1年生や6年生の指導は、ベテランの先生に質問すれば、指導のポイントをたくさん教えてもらえることでしょう。

ところが、3年生はどうか。低学年でもないし、高学年でもありません。無邪気で屈託がなくて、純粋でどこか幼くて、それでいて自分たちでやりたがり、大人ぶり、背伸びをする。本当に、小学生のすべてが詰まっているような、不思議な学年です。

私は、2年目はベテランの先生たちと、学年主任時は若手の先生たちと学年を組みましたが、3年生のクラスはどのクラスも個性的でした。「これぞ3年生！」ではなく、それぞれのクラスにいきいきとした個性とカラーがありました。

どのようなルートからでも山に登ることができる。そんな定石のない3年生について、1冊の本を仕上げる。

これほど私を悩ませ、考えさせられるテーマはありませんでした。

しかし、型のない3年生の指導を一から考え深めることで、私は自分自身の教育観とはじめて真剣に向き合えた気がします。

3年生の指導にとどまらず、本書を通じて、読者の先生方が改めてご自身の教育観について思い深めることができれば、著者として大変幸せに思います。

2023年3月

須永吉信

もくじ
Contents

第2章 小学3年担任のマインドセット

第3章 小学3年の学級づくり

1学期

2学期

3学期

第4章 小学3年の授業づくり

第5章
小学3年の子ども、トラブル対応

第1章

小学3年生
「ギャングエイジ」って
どんな時期？

低学年の次学年としての3年生

3年生は、つかみにくい学年です。

1年生らしさ、6年生らしさを問われれば、多くの先生は答えられるでしょう。しかし、その中間にある3年生らしさと言われるとどうでしょうか。これはなかなか難しいと思います。

実際に多くの先生方が中学年を「つなぎの学年」と考えています。また、新規採用の先生や若手の先生があてられることが多い学年でもあります。

ここで私が「3年生とはこういうものだ」と喝破できればよいのですが、実際には、**「低学年らしくもあり、高学年らしくもある」のが3年生**なのです。「つなぎの学年」であるのは事実なのですね。

しかし、それゆえに一番難しく、不安定になりやすい学年でもあります（ここが見落とされがちなポイントで、いつも残念に思うのですが）。

さて、今どきの１、２年生を見ていると、「昔よりも（さらに）学校の保育園化が進んでいるなあ…」と感じます。

悪いことばかりではないのですが、とにかく**今の低学年指導は〝手取り足取り〟**です。悪口を少しでも言うようなら電話、洋服を水で濡らすようなら電話、忘れ物をするようなら電話、です。

保護者も、教師の手厚い支援を望んでいる場合が多く「小学生になったんだからこんなに細かく連絡してこなくてもいいのに…」などと考える保護者はずいぶんと減りました。子どもたちにも「小学生になったのだから小学生らしくふるまおう」という様子があまり見られず、それは年々大変になる入学式からも顕著です。

今の低学年の子どもたちは「先生の話を従順に聞く子」と「自由意思に任せて勝手気ままな子」に二分されています。屁理屈が多いけれどリーダー性のある子、独創的でまわりの子をどんどん巻き込んでいく子、といったような個性豊かで自立した子はほとんど見られなくなってしまいました。

このように、精神的に未成熟であるのは社会的な問題であり、ひとえに大人たちに原因があります。

教師に限って言えば、低学年はベテラン教師が担任する場合が多く、子どもたちが従順なのをいいことに、四方八方を規則で固めてがんじがらめにしてしまうことが少なくありません。学校全体で考えても、問題への対処よりも、問題を起こさないことの方に明らかに力を入れており、トラブルは未然防止が基本です。

もちろん、ケガや人権侵害の伴うトラブルは未然防止が肝要ですが、一部の教師はどんな小事も許そうとしないため、子どもたちを強く枠にはめ込もうとします。「枠からはみ出るな」が暗黙の了解になっており、これでは「個性を生かそう」なんて言葉はいつまでたっても枕詞でしかありません。

悪い面ばかり強調して書いてしまいましたが、そういう子たちが3年生になっているという事実をぜひしっかり受け止めていただきたいと思います。「2年間やってきたんだから」と考えるのではなく、「保育園の卒園生」と受け止めておくくらいがちょうどよいのです。

ここまで書くと、低学年の先生は怒ってしまうかもしれません。

しかし、子どもたちは、自分たちで学級会を運営できるでしょうか。

子どもたちは、教師が声をかけなくても、当番活動が滞りなく進められるでしょうか。

今の低学年指導は手取り足取りであり、自立した集団まで成長させるには膨大なエネルギーが必要とされます（だからといって、教師に問題があるのだと言いたいわけではなく、社会全体としてそういう傾向にあると言いたいわけです）。

こういった実情を理解すると、「3年生だからできるでしょう?」という言葉かけが、どれだけ実態とかけ離れているかがわかるはずです。

高学年の前学年としての3年生

私は高学年担任の経験が多いのですが、正直なところ、その学級づくりは、中学年時の学級の状態に大きく左右されます。

よくそれらは「態度がしっかりしている」とか「授業中の発言が多い」、逆の面では「落ち着きがない」とか「トラブルが多い」というような表面的なファクターで判断されがちです。

ですが、私が子どもたちの状態を判断するときに一番重視しているのは「**子どもたちの顔**」です。

子どもたちはどんな顔つき、顔色をしているか。

乾いた笑い、せせら笑い、朗らかな笑い、心からの笑い。

笑顔はどういった類のものか。それはどんな意味があるか。

そういう「顔」の裏側を探ります。このときに、たとえトラブルが多かったり人間関係にひびが入っていたりしても、朗らかな笑顔、明るい笑いが見られるクラスは何とかなります。

しかし、**きちんと授業を受けてトラブルを起こさなかったとしても、表情が暗い、どこか暗い笑いのあるクラスは要注意**です。

そして、こういうクラスを本当の意味で立て直していくには、かなりのエネルギーを要します。私は表面的な指導上の問題よりも、こういった問題の方がより深刻であり、解決すべきであると思います。

中学年のときにその子たちの「子どもらしさ」をいかに大切にしてきてあげたか。

ここが肝心です。「低学年は保育園の卒園生」と書きましたが、3年生になると、子どもたちは本当の意味で小学生らしくなってきます。

急に活発になってきた子どもたちを前に焦ってしまい、強く指導しようとする先生もいますが、押さえつけるだけでは子どもたちの成長につながりません。

それと同時に、どんどん高学年らしくなっていく子が増えるので、子どもらしいやる気のある子たちがバカにされる、白い目で見られる傾向も出てきます（そうはいっても、授業で挙手をさせれば大半の子が活発に手をあげます。それを見て教師も安心してしまい、問題を棚上げにしてしまいがちです)。

その他にも、3年生はグループ化が顕著に表れる時期です。成績で差もついてくるのでいわゆる〝スクールカースト〟もでき始めてきます。子どもたちの自由意思が強まってくるので、集団としてのまとまりも危うくなってきます。

こうして書いていくと、3年生がいかに重要な学年であるかよくわかるかと思いますが、こうしたときに「まだまだ3年生だし、何とかなるだろう」と考えてしまうと、後々小事が大事に発展していきます。

私は、「子どもらしさ」を全員が持ち続けられるように、うまく指導する必要があると思います。

高学年に向けて生活態度や授業態度をきちんとさせていくと同時に、子どもたちの顔から子どもらしい輝きが失われないようにしたいのです。なかなか難しいかもしれませんが、高学年を視野に入れたとき、この「子どもらしさ」は大切なポイントになってくると私は思います。

以上、長々と書いてきましたが、ここまで読んで「そうかなぁ…」と思う箇所もあったかと思います。

これらは、私の経験や学びに基づく私の主観です。ぜひ、「そうかなぁ…」と感じた部分は、ご自身で深堀して考えたり、まわりの先生に「こんなこと書いてあったんですけど、どう思いますか？」と話のネタにしたりしてください。

どのような学びも、自分で考え、行動に移したときにこそ力になります。

本書をたたき台に、自分らしいビジョンを磨いていっていただければ幸いです。

高学年に向けて生活態度や授業態度をきちんとさせていくと同時に、子どもたちの「顔」から子どもらしい輝きが失われないように！

先生大好き、大人大好き

3年生は、先生が大好きです。

これは、低、中、高学年を担任した私の実感です。

また**3年生は、どの学年よりも「先生大好き」を表現します**。女の子が先生に手紙を書くようになるのも3年生ですし、男の子から昼休みに遊ぼうと積極的に誘われるようになるのも3年生です。

それに応じようものなら、あちこちで「先生から手紙の返事をもらった！」「先生と昼休み遊ぶ約束したもんね！」と「先生は私のことを大事にしてくれているアピール合戦」が起こります。

1・2年生ももちろん先生が大好きなのですが、これはどちらかというと受動的な感覚で、自分から積極的に「大好き」は表現しません。まだまだ幼稚園生や保育園児が先生にかわいがられている感覚なのです。

一方、５・６年生はもっと精神的なつながりを求め出す学年です。漠然と「大好き」と考えるのではなく、「授業がわかりやすいところがいい」「よく話を聞いてくれる」といった具体的な評価や、「先生は私の考えを理解してくれる」「先生の考えは納得できる」というような共感的な経験によって判断します。

４年生になると、ずいぶんと高学年らしくなる子が増えるので、「先生大好き」で先生の取り合いをするのは、まさに３年生の特徴かもしれません。

また、これは子どもにもよりますが、家族の「大好き」もよく口にします。「お母さんのことが好き」といったストレートな愛情表現や、「お父さんはなんでも自分でつくれるんだよ」といった家族自慢を、はずかしがらずに表現します。

これは１・２年生にもあり得る話ですが、精神的に自立し始める高学年ではまず考えられません。私は高学年担任から３年生担任になったときに、純粋に家族への愛情を表現する３年生に自分の方がはずかしくなってしまったのをよく覚えています。

さて、こうした愛情表現やアピール合戦は、自我の芽生えと関係があるのではないかと私は思います。**他者に対する愛情を自分なりに表現することで、他者との違いや自己理解**

を深めていくのではないかということです。

そう捉えると、この「先生大好き」の感情を、単なる微笑ましい子どもらしさで済ませてはいけないことがわかります。

先生によっては、こうした子どもからの圧に辟易して、適当にあしらったり否定してしまったりします。どう対応するかは後述しますが、こうした愛情表現は、子どもが成長していくうえで大切にしなければならない重要な要素です。

こうして大人を全面的に信用して愛情を表現するのは、担任や家族にとどまりません。3年生は積極的に外に出て大人たちと関わりをもつようになるので、私はよく「この先生とどこで仲良くなったの？」と子どもたちの様子に驚かされます。

（余談になりますが、こうしたときをチャンスと捉えて「○○さんが先生と話せて喜んでいましたよ」と相手の先生に伝える…というように、相手の先生と子どもたちの仲を取りもつとよいでしょう）

こうしたちょっとした気づきも、子どもたちの感情をないがしろにせずに、注意深く観察することで得られます。

３年生は先生大好き、家族大好き。

好きという感情を中心にして物事を捉えます。

そして、好きという感情を通して自分を表現し、相手の反応から学びます。教師の前に一大人として、子どもの愛情表現には誠実に応えたいものです。

また、大人に対してほどではないですが、友だち関係も「好き」で成り立っている部分が多いように感じます。昨日はあんなに仲がよかったのが、今日は手のひらを返したように険悪になる、という問題が頻繁に起こります。低学年のころはまだまだ「みんな仲良く」という先生の言いつけを守ろうとするのですが、３年生になると、露骨に感情を表情に出したりするようになります。こうした行為は、精神的に未成熟な高学年の子にも見られます。普通は高学年になるにつれて感情に整理がつけられるようになるのですが、稀に感情のままに行動してまわりから浮いてしまう子は一定数います。

３年生は、自我が芽生えてきたからこそ、感情が何らかの形で裏切られたときに、自制が効きにくい学年であるということも、念頭に置いた方がよいでしょう。

「やりなさい」では、動かない、動けない

3年生は「先生大好き」なのですが、一方で大人の言動に対して従順ではなくなってきます。

低学年の指導は保育園化していると書きました。そういう指導に対して、低学年の子どもたちは疑問に思いません。判断の基準は教師そのものであり、子どもたちも「先生は○○って言ってたんだからダメだよ」とお互いに注意し合います。先生の言うことは絶対です。

しかし、**3年生になると「ギャングエイジ」に突入し、子どもたちは自分の意志をもち始めます**。

そして、子どもたちにとって教師は絶対的な存在ではなくなってきます。反抗心をむき出しにしてくるほどではないものの、教師が「やりなさい」と言っても従わない子が増え

てくるのです。

とはいえ、**高学年のように「では、自分たちで考えてやってみなさい」というわけにはいかないのが難しいところ**です。

高学年の子どもたちのように自分たちだけで行動した経験があまりないですし、そもそも精神的にも身体的にも未熟なので、協力しようとしても自分たちでは物事がうまく進められないのです。

3年生のこのような特徴から、低学年の経験が豊富な教師が3年生を担任すると管理的になり過ぎて失敗する、逆に高学年の経験が豊富な教師が担任すると放任的になり過ぎて失敗する、といったことが起こりがちです。

私は高学年担任が長く続いたので、久しぶりに3年生を担任したときは「こんなことは自分たちでやりなさい」が口ぐせでした。

例えば、時間通りに席に着く。

低学年は「先生が言うのだから従うのが当然」です。高学年は理由を説明すればたいてい納得して行動できます。

ところが3年生はうまくいきません。

「時間通りに席に着くくらい、グループで協力して声をかけ合いなさい」と言っても、言うことを聞かない子はまったく聞かないし、逆に守ろうとする子は正義感むき出しで注意をします。教室は「時間だから席に着くんだよ！」の大合唱。職員室から教室に戻ったとき、「こんなことも3年生には難しいのか…」と感じたのを今でも覚えています。

低学年は先生の言いつけなら子どもたち同士でも注意が通用するし、高学年なら正義感丸出しで注意はしません。ところが、3年生は我が強いので、指示に従わない子は徹底的に責められますし、責めることは正しいと思っています。責められる側も開き直ってどこ吹く風で、気に食わないと平気でけんかをします。

たとえお互いの意見が一致して協力したとしても、まだまだ低学年に毛が生えたようなものなので、気持ちばかりが先走って空回りします。

給食を例にしてみましょう。

高学年ばかり担任していた私は「給食くらい自分たちで用意できなきゃダメだ」と考え、子どもたちに「自分たちでやるように」と宣言しました。

結果、どうなったか。

まず、給食当番が配膳するのにすごく時間がかかります。汁物を均等に分ける、こぼさず配るというような身体的動作が未熟なため、時間がかかるうえにこぼす、文句が出るなどのトラブルが多発します。

精神的にも未熟なので、一方的な自己主張もします。自分のおかずの量が少ないものなら列に割って入ってでも増やそうとします。みんなの配膳を優先するという感覚はありません。さらに「そういうのは最後にしろよ！」と正義感をむき出しにした子たちが非難を始め、もう給食どころではなくなってきます。

このように、３年生は我が強くなってくる時期であるにもかかわらず、自分たちでやるという経験がほとんどありません。**みんなで協力することの大切さを、上手に学ばせていかないといけない**のです。

「やりなさい」では動かなくなるし、動いたとしても、うまくできない。そういう難しい段階にあるということを念頭に置かなくてはいけません。

複雑化する友だち関係

うまくできないことも多い3年生ですが「自分たちでやりたい！」のエネルギーはすごいのです。先生が大好きなので、教師が「3年生になったのだから、給食は自分たちで配膳できるようになってほしい」と本気で伝えれば、子どもたちの心には火がつきます。

3年生は自己主張が強く、みんな「自分」をアピールします。トラブルも多いけど、同時に先生も友だちも大好きで、エネルギーいっぱいで、可能性に満ちあふれています。

こうした「なんでも自分たちでやりたい」の気持ちは、おもしろい係活動が生まれる、学級全員楽しく遊ぶ、などのよい動きにつながることもたくさんあります。

ただし、友だち関係においては注意が必要です。こうした気持ちは、友だち関係ではマイナスに働くことが少なくないからです。

低学年では先生が「みんな仲良く」と言えばたいていはそれで済みます。高学年では学級経営がうまくいっていれば、それぞれが程よい距離感で友だちづき合いをできます。

しかし、3年生はなんでも自分たちでやりたいがために、友だちに対しても極めて利己的に働きかけます。具体的には、**積極的に友だちの囲い込みを始める**のです。仲のいいグループだけで手紙の交換をしたり、トイレまで一緒に行ったりと、グループ化を通して自分の思い通りにいく関係を構築しようとします。

遠慮がないので仲間外れも大胆です。昼休みに遊ぶとき、わざと人数制限をしたり、その子が目の前にいるのに「みんなで行こう」と手を組んでいなくなったりと、思いのままに行動します。昨日まで仲がよかったのに、意見が合わない、否定されたなど、思い通りに行かなくなったとたん、手のひらを返したように仲間外れをすることもあります。

さらに、**精神的に自立し始める反面、今までは大人の言うことに従ってきただけなので善悪の判断があまりつきません**。友だちから借りたものを返さない、いつの間にか名前を書き替えて自分のものにしてしまう、友だち同士でカードやゲームの交換をする、昆虫を売り買いする…など、友だちとのトラブルに直結する出来事がたくさん起こります。

低学年のころは友だち同士で貸し借りすることは基本的に禁止されており、高学年ならある程度マナーが身についているのでトラブルには発展しません。ただのものの貸し借りでも重大なトラブルに発展していってしまうのが、3年生の特徴です。

また、お小づかいをもらい始める時期なので、友だちに言われるままに買い食いしてお小づかいをすべて使う、友だちの分まで買ってあげてしまう、などの金銭トラブルも多く見られます。保護者も子どもたちの変化に戸惑うことが多く、我が子への接し方に悩んでしまうことがしばしばです。今まで保育園児のようにかわいがってお世話してきた側から一歩踏み出せるかどうか、大人側も試される時期です。

ここまで悪い面ばかり書いてきましたが、もちろんよい面もたくさんあります。

例えば、はじめてのクラス替えがあって、人間関係がぐんと広がるチャンスであること。それぞれ個性が出てくるので、クラスに多様性が生まれること。

男女の違いを感じ始めつつも、男女で分け隔てなくつき合えること。

とにかく遊びが大好きで、外遊びでも中遊びでも、みんなで盛り上げられること。

前項でも書きましたが、3年生は心身ともに大きく変化するつなぎの時期です。子どもたちの変化をよく見取って、それぞれに細やかに支援しつつも、高学年に向けて自立できるように支援をしていく必要があります。

このように、**小学校教育のすべてが詰め込まれているのが3年生指導の醍醐味**です。

第2章

小学3年担任のマインドセット

何事も「理由」を説明しよう

「低学年のころに教わったからわかるだろう」

と、多くの先生が3年生を担任すると誤認してしまいます。

朝のあいさつの仕方、休み時間のルール、給食の準備の仕方、ノートの取り方、発言の仕方…。ありとあらゆる「作法」が学校にはありますが、そういうものは低学年のころに身についているだろう、少なくとも知ってはいるだろうと思ってしまうようです。

ですから、子どもたちが指示に対してやらない、または困惑すると、

「2年生のころやらなかったの?」

とついつい言ってしまうのです。

子どもたちに発破をかける意図であえて言うのならよいのですが、「低学年のころにやっていたのだから、できて当然」と考えているなら、少し注意が必要です。

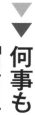

1章にも書いた通り、**3年生になると「やりたいけどできない」「知っているけれどやらない」という面が出てきます**。

前者の「やりたいけどできない」は、2年生のころは支援の先生が手伝ってくれていたのかもしれません。給食の準備やノートを取る際には、先生が声をかけたり手伝ったりしてくれていたのかもしれないのです。普通、3年生では支援の先生はつかないですから、多くの子がサポートなしで自立しなくてはいけなくなります。3年生は先生の期待に応えたいですから、あまりネガティブには物事を捉えませんが、**子どもたちがやらない裏側には「実はできない」という可能性の存在を常に頭に置いておいた方がよい**でしょう。

こうしたときに低学年の経験が多い先生は子どもたちに手を貸し過ぎてしまいます。高学年の経験が多い先生はその逆ですね。その点に注意する必要がありますが、そのうえで大切になってくるのが「説明」です。

2年生のころは先生が手伝ってくれていたけれど、3年生になるとどうして自分でやらないといけないのか。その「理由」を丁寧に説明し、どこからなら自分たちでできるのかを考える必要があります。

例えば、給食の準備ならば、どうして自分たちでできるようになった方がよいのか、まずは子どもたちに話すべきです。

このときに、子どもたちと話し合うのはよいのですが、教師の願いは最低限伝えるようにしましょう。なぜなら、1章にも書きましたが、3年生の子たちは先生の期待に応えたいという情熱に満ちあふれているからです。高学年のように「みんなで決めたのだからやろうね」と言うよりは、**「先生はみんなにこうなってほしいんだよ」というIメッセージを積極的に伝える方が有効**なのです。

話し合いの場をもつと、できる部分とまだまだできない部分が浮き彫りになってくるので、その部分はサポートする約束をします（私の場合、給食ではご飯の配膳のしゃもじがうまく使えないようだったので、私が担当することになりました）。

後者の「知っているけれどやらない」については、3年生になると教師の指示にすんなり従わない子が出てきます。別に反抗したいわけではありません。どことなく従いたくないと思い始めるわけです。

または、友だちとのおしゃべりが楽し過ぎてやめられないというように、指示よりも自分の感情を優先するようにもなります。

ここでも大切なのが**「理由」の説明です。指示に従うのは、指示に従うことに意味があるからではなく、指示の内容に大切な意味があるから**です。そういった論理構造を3年生の子たちは知りません。低学年で教えてこなかったからではありません。低学年のころにも「時間を守らないとみんなが困るよね」とは言われているはずです。しかし、私の経験上まだまだ低学年ではピンとこないのです。

ここで、子どもたちはわかっているだろうと思い込み、理由を説明せずに高圧的に指導をすると、表面上従いはするかもしれませんが、真の成長は見込めないでしょう（高学年の経験が多い私は、まさにここで失敗をしました）。

教室のすべての活動について、一から理由を説明する必要はありません。ただ、**「子どもたちは思っている以上にわかっていないのだな」という認識は必要**です。

物事にはすべて理由がある。

この論理構造に気づかせてあげればよいのです。

ここで、もし低学年での指導が理に適っていないものだったことがわかったら、3年生に合った指導に変えていく努力も教師はしないといけません。

「先生大好き」の気持ちを大切にしよう

私が3年生担任のマインドセットとして一番大切にしたいと思っているのは、子どもたちの「先生大好き」の気持ちです。

低学年の子たちは「先生好き?」と聞かれれば「好き」と答えるでしょう。高学年は好きとは言わないかもしれませんが、学級経営がうまくいっていれば、少なくとも肯定的に答えるでしょう。「先生好き」の感情は全学年共通です。

ただ、3年生は自ら「先生大好き」を表現します。

3年生をはじめて担任したときのこと。体育館での担任発表の後、クラスの列に近づくと、私のことはまったく知らないにもかかわらず、子どもたちは拍手で迎えてくれました。後ろの子たちは手を振っていました。「先生が担任でうれしい」とも。

繰り返しますが、私のことはまったく知らないにもかかわらず、です。その後何回か3年生を担任しましたが、どのクラスもだいたい同じような反応です。高学年を担任するときは「せめて嫌な顔はされたくないなぁ…」といつも内心ヒヤヒヤなので、この違いはすごいものです。

4クラスで学年を組んだときなどは、子どもたちが一斉下校で「うちのクラスの先生はピアノが得意なんだよ」とか「外で遊ぶのが好きなんだって」とうれしそうに自慢話をしていました。

それだけ3年生の子たちは、先生に「期待大」なのです。3年生を担任したときは、どうかこの気持ちを大切にしてあげてください。

もちろん、叱るときは叱るべきですし、変に人気とりをすれば、逆に子どもたちは離れていくでしょう。そうではなく、**無条件に子どもたちの愛情や期待をただただ受け止めてあげればよい**のです。

大人の目線で斜に構えたり、ぐいぐい近づいてくる子どもたちに嫌気がさして担任同士で苦笑いしたりというのはＮＧです。

「好き」と言ってくれる子どもたちに胡坐をかいて、いい気になるのはもってのほかです。「好き・嫌い」という感情を原動力にしている子が多いため、ひとたび「先生大嫌い」に転じると、あっという間に学級崩壊してしまいます。

３年生は初任の先生が担当する場合が多いと思いますが、４月はあんなに「先生大好き」と言って子どもが初任の先生を取り巻いていたのに、２学期には「先生大嫌い」になって、あっという間に崩壊してしまった、というケースを少なからず見てきました。

では、子どもたちの愛情を受け止めるとは、具体的にどうしたらよいのでしょうか。

まず、**教師は特別なケースを除いて、常に公平でいましょう**。

手紙をもらったのなら、もらった相手全員に必ず返事を書く。

昼休みに遊びに誘われたのなら、誘われた順番を守る。

できれば、先生に手紙を出せない子や遊びに誘えない子に対してもアプローチをする。

このように、常にどの子ともフラットにつき合います。

３年生は承認欲求が特に強い傾向があります。例えば、高学年顔負けに気が利く子が必ずいます（高学年よりも従順な分、怖いぐらいに）。先生が食べ終わった給食を競い合うように片づけたり、先生の歯ブラシを引き出しから出したり…ということまでしたい子たちがいるわけです。

これらは、集団に対して役に立ちたいというよりは、単に教師に認められたいゆえの行動です。一説に、幼児は、友だちを思いやるというよりは、単に先生や親に気に入られたいから友だちに優しくすると言われます。これと似たようなものです。

これが高学年になると、「資料室が使いにくいからみんなのために係で掃除しよう」というような判断ができるようになるわけですが、**気が利く3年生は、まだまだ「（言い方は悪いですが）見せかけ」の部分が大きいと理解しておくべき**です。

3年生担任は、このように積極的に先生に近づいてくる子とも、そうでない子とも公平につき合いつつ、その愛情も受け止めていかなくてはいけません。

繰り返しになりますが、最大のポイントはただ「受け止める」だけでよいという点です。教師はただでさえ感情労働です。正しく応えられなくてもよいのです。そもそも正解などありません。「正しく応えられているかどうか」という不毛な問いで悩まないようにしてください。

「Being」に重きを置こう

前項で「気が利く子たちに気をつけるべき」と書きました。お手伝いができ過ぎるのを放っておくと、3年生は限度を知りませんから、どんどんエスカレートしていきます。

先生を毎時間職員室に迎えに来る。

外遊びのとき先生の上履きや外履きを用意したりしまってくれたりする。

宿題に押すハンコを机の上に予め並べる。

先生の持ち物を常に持とうとする。

どれも私が経験したことです。経験の浅い先生なら、子どもとの距離感がわからなくなり、困ってしまうかもしれません。

気が利く子のこういった行動を許し過ぎると、その他の子たちとの溝が深まり、その矛先は最終的に教師に向かってきます。「あっという間に学級崩壊する」のは、こういう要素も少なからず関わっているでしょう。

さて、では気が利く子をどうやって諌めるか。

読者の先生ならどうしますか？


この問題、簡単なようで実は相当に難しいのです。

まず、「否定」は御法度です。

子どもによっては「先生に嫌われた」と強く思い込み、心に傷を負います。高学年なら「確かに、先生の歯ブラシを出すのはやり過ぎだな」と客観的に自省できますが、**３年生にとって「否定された＝嫌われた」となるので、細心の注意が必要**です。

では、どうすればよいのでしょうか。

私ならまず、

「さすがに先生の歯ブラシを出すのは大丈夫だよ。ありがとう」

と言います。

「ありがとう」とは言っていますが、これだけでは否定です。

だからこう続けます。

「でも、歯ブラシを出してあげるくらい人のお手伝いをしたいという気持ちをもっているのはうれしいよ。とてもいい心がけだね。そういう気持ちはずっともっていてほしいな」

そして、必要に応じて全体に対して、

「○○さんは、『人の役に立ちたい』という気持ちで行動してくれました。そういう人が多くいるクラスは、いいクラスになるよね」

と投げかけます。

もし、「ありがとう、でもやらなくていいよ」で終わってしまうと、まわりの子から「あいつは先生に対して余計なことをして怒られた」と少なからず白い目で見られます。こうした意識は、お互いを攻撃し合うきっかけを与えることにもなります。

そうではなく、教師に対する行為としては否定しても、その気持ちやあり方（Being）のよさは受け入れる、という態度を示せば、まわりの子たちの学びにもなります。

「こんなに細かいことにも配慮しないといけないのか…」と思われるかもしれません。実際、多くの先生が「ありがとう、でもやらなくていいよ」で済ませていいそうな場面です。

しかし、ここは配慮するべきポイントなのです。こうした姿勢が3年生を担任するうえでの欠かせない心がけ（マインドセット）になります。

私が見てきたすばらしい3年生担任の先生方は、「これはやらなくても大丈夫だけど、その気持ち、うれしいな〜。ありがとう！」といった言い方をいつもされていました。

この心がけ、感覚の有無は、学級経営を大きく左右します。厳しめにいうと、どんなに本を読んで楽しい実践を行っても、こういった細やかさがないと、3年生担任はなかなか難しいでしょう。

たとえ細やかな性格でなくても、自分なりの細やかさを示そうとしている担任のもとでは、たとえ指導は未熟でも、子どもたちは安心して伸びていけます。

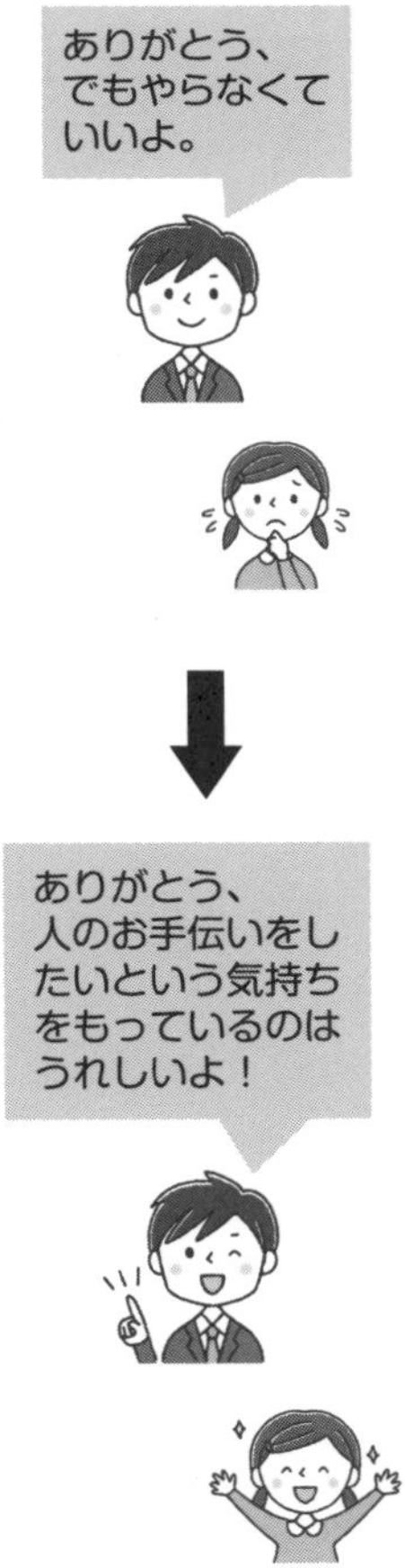
ありがとう、
でもやらなくて
いいよ。
ありがとう、
人のお手伝いをし
たいという気持ち
をもっているのは
うれしいよ！

「集団」と「個人」の違いを意識させよう

本章冒頭で、「何事も『理由』を説明しよう」と書きました。

では、どのタイミングで指導（説明）すればよいのでしょうか。

私は**「集団」を意識しなければならないとき**に、子どもたちに話すようにしています。

「忘れ物をした」よりは、「授業の時間を守らない」とき。

「廊下を走った」よりは、「給食中に静かにしない」とき。

「授業の準備をしない」よりは、「授業を妨害した」とき。


これもやはり、低学年では先生の指示にただ従うという面が強いからに他なりません。

低学年のころは、低学年の経験豊富なベテランの先生にピシッと指導されていても、3年生になったら堰を切ったように「ワーッ」となってしまうクラスがやはり多い…というのが実情です。

それに対してまわりが、「低学年のころはベテランの先生に抑えつけられていた」とか「3年生になって若手の先生になってハジけてしまった」などと言ったりしますが、どれも的外れです。

今の学校は保育園化が進んでいますから、低学年の先生が手取り足取り、ピシッと指導するのは必然です。

多くの保護者も子どもたちも、そういう指導を望んでいます。集団行動の際に「自分たちで考えて決めてごらん」などと言おうものなら、不安がった保護者から（クレームではないにしろ）連絡が入る時代です。子どもたちがやっと自立してくるのも3年生くらいからであり、精神的な成熟の遅さは、寿命が延びた現代社会では不可避です。

ですから、**たとえ低学年のころに集団として「しっかり」していたとしても、その「しっかり」は3年生で身につけるべきものとはまったく別物として理解しなくてはいけません**。よく3年生を担任すると「低学年のころはしっかりしていたって聞いているんだけどな…」と悩んでしまいますが、それが自然な姿であり、むしろ指導のチャンスだと捉えましょう。

私はよく子どもたちに、

「**宿題を忘れるのと、授業中に騒ぐのはどう違う？**」

と尋ねます。

聞いてみるとわかると思うのですが、こんな問いも3年生には新鮮なのです。

私は次のように説明します。

「宿題を忘れたら怒られるよね？　怒られて嫌だなと思うでしょう。でも、先生は全然損しないよね」

子どもたちの頭の上には「？？？」が浮かんでいます。

「だって、君たちが宿題をしなくても、先生は校長先生に怒られないし、お給料が減らされることもない。損するのは君たちだけでしょ」

子どもたちは神妙に聞いています。

「ちょっと難しい言葉だけど、こういうのを『個人の責任』といいます。おうちの人だって、君たちが宿題をやらなくても本当は困らない。でも、やってほしいから言うだけ。だから、言われるうちはまだよくて、逆に言われなくなったら…ということをよく考えなくてはいけないいね。

さて、授業中に騒ぐのは『個人の責任』って言えるかな?」と聞くと「それは違う!」と言う子がたくさん出ます。

この後は子どもに意見を聞いてもいいでしょう。

私なら、

「例えば、授業中にノートを書かないのは個人の責任。書かなくて損するのは自分だけで、友だちや先生は何も困らない。でも、授業中に騒いでしまったら、授業が聞けなくなってみんなが困る。自分だけじゃなくてまわりの人も巻き込んでしまう。だから、先生は人に迷惑をかけたときは、その他よりも強めに叱ります」

と話します。

高学年なら、授業中に騒いでいる子に「みんなに迷惑をかけていいの?」と聞くだけでたいがいは理解できるでしょう。

しかし、3年生はこうして丁寧に説明しなくてはいけません。何も知らないのだと考えましょう。

このような「集団」と「個人」の違いについての指導は常に頭に置いておきたいところです。

「全員のやる気」を引き出す工夫をしよう

3年生は、とにかくノリがいいのが特徴です。

「今日の体育は早く終わらせてドッジボールをやります！」と言っただけで歓声が上がり、「学級会の司会をやりたい人？」と聞けば、身を乗り出して挙手する子がたくさんいます。

やる気も十分で、始業式の代表作文など、高学年では1人も手があがらないような役決めも困りません。高学年なら「苦手」「大変そう」といった判断が先行するでしょうし、低学年ならやる気はあっても「よくわからないからちょっと怖い…」と躊躇する子もいるでしょう（それに加え、低学年の代表は先生が決めてしまうケースも多いでしょう）。

しかし、3年生はよい意味で学校に慣れてくる時期です。そこに、低学年のときからもち続けている子どもらしさも加わって、とにかく「やってみたい」が先行します。

そんな姿に教師も安心し、挙手した子たちから指名して決める、というパターンが多くなります。

さて、私は高学年を多く担任するので、よくこんな話題が出ます。

「低学年はあんなに授業中に挙手するのに、どうして高学年になると手をあげなくなるんだろうね」

特に、低学年のクラスの研究授業を参観すると、必ずと言っていいほど出ます。

では、いつ子どもたちのやる気に陰りが出るのか。

私は3年生だと思います。

低学年のころは、とにかく「私を見て！」という気持ちが先行しています。物事の成り行きやまわりの目は特に気になりません。低学年にとって、挙手は「私が指名されるかどうか」という問題でしかないのです。

しかし、3年生になると、こう思い始める子どもが出てきます。

「やる気のあるだれかがやればいいんじゃない？」

そして、感覚的に気づき始めます。

「別に手をあげなくても、授業終わるよね？」

と。

こうなる原因は、先に書いた「挙手した子たちから指名して決める」という教師のスタンスにあります。つまり、**行事指導でも授業でもどんなときでも、教師が「やる気のある子」だけしか相手にしていないからいけない**のです。

授業中、子どもたちが全然話を聞いていないのは、話を聞かなくても別に困ることがないからです。子どもたちは正直、「やりたいときだけやればいいいや」くらいにしか思っていません。

これは、教師がずっとやる気のある子たちしか相手にしていないのですから、当たり前と言えば当たり前です。

気の利く教師は「他にやりたい子いないの？」と聞く

かもしれません。でも、それに応えなくても、別に何も起こりません。

そういうことに気づき始めるのが3年生です。**「黙って下を向いていれば、だれかが何とかしてくれるだろう」とわかり始める**のです。

ですから、「やりたい人？」と聞いたときに、本当は手をあげていない子たちをどうするかが教師の腕の見せ所なのです。

これに正解はありませんが、私なら、

「役割決めは、1年間のうちにだいたい代表作文、学級会の司会、夏休みの作品…（略）があります。得意不得意があるので、一度に全員が立候補するのは変だと思います。だから、自分が『できそうだな』と思うものに、1年間で1回は手をあげるようにしましょう」

と予告します。

そして、クラスの実態にもよりますが、学期の節目には、

「代表に今まで1回は立候補した人？」

と確認します。

もちろん、自分から進んで参加することのよさを語るのもよいでしょう。授業に挙手制

以外の発表方法を取り入れてもいいですね。

「挙手した子」ではなく、「全員」のやる気を引き出す努力を怠らず、ぜひ長い目で子どもたちの成長を見守っていきましょう。

第3章

小学3年の学級づくり

1学期

「Being」と「Doing」を区別するところから始める

第2章の「マインドセット」の内容とやや重複しますが、重要な部分なので改めておつき合いください。

3年生を担任するうえで最も重要な指導事項ですが、3年生の子どもたちはBeingとDoingの区別がまったくついていません。

例えば、給食中に「トマト嫌いなんだよな。残そう」とだれかが発言したとします。このように「嫌い」とはっきり口にする子は結構います。

こんなとき、「好き嫌いしちゃだめなんだよ」とか「半分は食べなくちゃだめだよ」と指摘する子がいます。教師も「そんなふうに言ってはいけません」とたしなめるでしょう。

低学年のうちは、そこまで自我が芽生えていないので、言われた方も「そういうものか」と感じるだけで、大して深く考えません（個人差もありますが）。

しかし、3年生くらいになると「好き嫌いをする自分はだめだ」「まわりの子は食べられているのに自分だけは食べられない外れた人間だ」と（ここまで大げさではないにせよ）感じ始めます。

こうした状況を放置したままでいると、次第にこれが同調圧力になっていき、高学年にもなると、マイノリティを許さない窮屈な集団秩序が根づいてしまいます。こうなってしまうと、もう手の施しようがありません。

そこで、3年生からBeingとDoingの違いを意識させていく必要があります。

この場面では、

「嫌いなものがあるのは当然だし、それは決して悪くはない（Beingを肯定する）。しかし、『嫌いだ』とみんなの前で言うと、他の人の気分を害してしまう。だから、嫌いなのはよいけれど、口に出して言うべきではない（Doingを否定する）」

ときちんと説明するべきです。**「嫌いなんて言うのはよくないよ」と注意するだけでは指導不十分**なのです。

これは様々な場面で当てはまります。急に体育が算数に代わったとします。子どもたちは「え〜！」と言うでしょう。温かい雰囲気ならまだよいのですが、非難の意味を込めて

「えー！」と言う場合もあります。そんなときは「そんなふうに言うと、算数をがんばろうと思っている人のやる気をくじくことになるし、クラスの雰囲気も悪くなるよね」と毅然と対応するべきです。しかし、一方で「いきなり変更になって、算数が嫌いな人もいるのだから、気持ちはわかる」とフォローする必要があります。

どのクラスにも、宿題をたびたび忘れる子が1人か2人はいます。教師も「やってきなさい」と言っているのだから、指導は必要です。こういうとき、**Being と Doing を区別していないクラスでは「宿題をやってこない＝すべてがだめなやつ」というレッテルが貼られます**。強い序列意識（スクールカースト）が存在しているからです。

しかし、「宿題をやってこないのは悪い」けれども、それは「その子の人間性とはまったく関係ない」と認識しているクラスでは違います。たかだか宿題レベルの問題で「あいつはだめなヤツだ」と差別なんてしませんし、「あいつだけ宿題をやってこなくてズルい」なんて発言もありません。

私はよく「君たちは本当にいい子だし大好きなんだけど、時間を守らないのは困るから守ってほしいな」とか、友だち同士のトラブルでも「悪口を言うのはよくないし謝るべきだけれど、悪口を言ってしまう気持ちはわかるよ」と言ったりもします。Being を常に大切にしてあげたいと考えているのと同時に、これらは私の本音でもあります。

折に触れてBeingとDoingの区別を子どもたちに伝えると、「人はそれぞれ考え方が違うのであって、それは悪いことではないんだ」という考えが具体的に伝わります。具体的に指導に落とし込んで、はじめて子どもたちに浸透していきます。

加えて、教師側にもメリットがあります。

BeingとDoingをしっかり区別すると、教師側も指導がしやすくなります。**Doingを叱ることを躊躇して、指導が中途半端になることが減るから**です。指導を躊躇してしまうのは、Doingを叱ることでBeingを傷つけてしまうのではないか、と教師側が感じてしまうからです。

Doingをきちんと指導できるようになると、「先生は人によって態度が変わる」「あのときは叱らなかったくせに気まぐれだな」と子どもたちから言われるようなことが減りますし、きっぱり指導しても「気持ちはわかるよ」と常に相手に寄り添う形で指導を終えられるようになります。

1学期

「指示」を聞いて実行しているか確認できるシステムをつくる

「トイレに行きたい子は行ってもいいから、5分経ったら席に着こうね」
「次は体育館で授業をするから、休み時間のうちに机を片づけておこうね」
「隣の人と意見交換をしてノートにメモしようね」
と指示したとします。

3年生は、どのぐらい指示を聞くでしょうか。

私の経験ですが、3年生はまったく指示を守ろうとしません。

高学年ならどんなにルーズなクラスでも三分の一は守るでしょう。ところが、3年生はわりとしっかりしているクラスでもほとんど指示を守りません。

そして、教師側もそれに無自覚です。

「5分経ったら席に着こうね」

と指示しているにもかかわらず、5分後には、

「時間だから席に着くんだよ」

と教師は言うでしょう。子どもたちが5分経っても全然座らないからです。声をかければ座るでしょうが、それでは指示を聞いて実行していることにはなりません。

3年生の子どもたちは、教師の指示を聞いて実行する習慣がほとんどありません。ベテランの教師はそれに自覚的なので、そういうベテランのもとで指導された経験をもつ高学年は、指示を聞くことができます。

ところが、これに無自覚な経験の浅い先生（に限りませんが…）のもとで指導された中学年は、高学年になっても指示を聞けないままです。

では、なぜ子どもたちにそういった習慣が身についていないのでしょうか。それは、**低学年のときに支援の先生（助けてくれる先生）がいてくれたから**に他なりません。

子どもたちは「教科書の10ページを開くんだよ」と言われても、聞いていなくてよいのです。開かない子はすかさず教室の後ろにいる先生が助けてくれるからです。これはすべてに当てはまります。例えば「次の時間は体育館だよ」という指示を聞いていなくても、全員体育館に行ったか最後に先生が確認します。低学年のうちはすべてがフォローアップ

です。すべて教師が「事後点検」してくれます。

このように、教師の指示を聞く習慣がないにもかかわらず、3年生の担任は「聞いている」前提で指導をしてしまいます。すると、指示を出されてもやらない子がたくさん出て、それでもやる気のある子たちが授業を進めてくれるからその場をやり過ごして…という悪循環に陥り、簡単に学級崩壊してしまいます。

ですから「指示→実行」の習慣はなるべく早い時期に、小さなところからコツコツ積み上げていかなくてはいけません。

例えば「教科書の10ページを開きなさい」と指示したとします。

私は続けて「**全員起立、開いている人は座りなさい**」と言います。すると、ほとんどの子が座れない事実が浮き彫りになります。

このときに「10ページを開いている子は手をあげなさい」という指示では、開いていない子はやはり聞いていないままです。まわりの子が手をあげている光景にすら気づかない子は結構います。「できた子を認める」では限界があるのも事実なのです。

さじ加減の難しい問題（例えば、1日に何十回も繰り返しては息苦しい）ですが、**指示を聞かないといけない（ここでは、座れない）という緊張感はある程度必要**です。

他にも、たった今指示したにもかかわらず、即座にオウム返しで聞き返してくる子がよくいます。低学年のうちは仕方がないかもしれませんが、中学年でもこのままでは考えものです。

こういうとき、よく教師は「さっき言ったでしょう」と言いつつも、結局教えてしまいます。だから子どもたちは「後で教えてもらえばいいや」と教師の指示を甘く見てしまうのです。

私なら「今から言う指示を全員聞きなさい」と場を緊張させ、全員の顔がこちらに向くまで根気強く指導します。それから、**秘密の呪文を教えるかのように、一言一句逃さず聞かせます**。

「教科書の問3ができた子から先生に見せに来なさい」

というようなありふれた指示を、です。「そんなことをしていたらいくら時間があっても足りない」と思われるでしょう。実際、はじめはものすごく時間がかかります。そうだとしても「指示→実行」の習慣がきちんと身につけば、その後はものすごいスピードで追い上げが可能になりますから（十中八九）大丈夫です。ベテランの先生が焦らずじっくり学級経営を進めるのは、経験的にこういう事実をわかっているからなのです。

1学期

だれかの何かをほめたときは、あわせて「全員」をほめる

これは人によって賛否が分かれるし、状況によっても変わってくるとは思いますが、私は「ほめるときは全員ほめる」が3年生の原則だと考えています。

掃除のときに片づけ忘れた雑巾を物干しにそっと戻してくれた子がいたとします。教師はそれに気づき、その子をほめました。3年生くらいの子なら「先生がほめてくれた」とうれしくなるでしょう。そういう小さな善行を見逃さないのはすばらしいことですが、教師は想像力をもう少し広げなくてはいけません。

「**自分の気づかないところで、こういう親切をしてくれている子は他にもたくさんいるんじゃないか**」と。

こんなとき私は、

「○○さんが落ちている雑巾を拾ってくれたんだけど、教室に落ちているものを拾って

くれた（経験のある）人は他にもいるかな？」

と聞きます。

さらに、

「拾ってくれている人を見たことがある人？」

とつけ加えます。

みんなの前では手をあげられない子もいるので、こう聞くと「○○さんは（手をあげていないけれど）よく拾っている」なんて発言があるかもしれません。

それに対して「すごい！」とほめてもいいかもしれません。

私なら「先生が見ていないところでクラスを支えてくれる人がたくさんいるんだね。ありがとう」と感謝を伝えるでしょう（「ほめる」というより、「感謝」です）。

とにかく、だれかの何かをほめたときは、あわせて全員をほめる。

授業で「もうめあてを書き終わったの？　早いね！」とある子をほめたとしたら、「書き終わっている人？」とすかさず全員に聞いて、人数も数える。

こうした教師の心がけが、３年生には少なからず必要なのではないかと思っています。

3年生という発達段階では、「がんばれば先生は必ず見てくれている」という安心感は、子どもにとって大きな励みになるからです。少なくとも、1つのテクニックとして知っていて損はありません。

さて、本項の冒頭で「人によって賛否が分かれるし、状況によっても変わってくる」と書きました。単なるハウツーを伝えるだけなら、はっきり「ほめるときは全員ほめよう」と書けばよいのです。事実、こういうテクニックを教師が繰り返し使えば、3年生は基本的に先生が大好きですから、子どもたちは教師の思い描いた方向に進みます。

しかし、です。

引き出しにあり余るテクニックをもつ教師が、巧みな手さばきで見事な学級経営をしたとします（実際に、SNSなどでもその手の投稿はたくさん見られますよね）。もちろん、それはそれで1つの教育の形です。

一方で、「なんだか子どもたちを自分のレールに乗せるのは怖い」「1人の人間として素直に子どもたちに向き合いたい」「技術はないけれどもこの仕事は好きだ」と思って教壇に立っている教師もいます。

私は、それはそれで1つの教育の形なのではないかと思うのです。

1つ言えるのは、良し悪しは簡単に決められないということ。

ですから、私は安易にテクニックを否定しているわけではありません。ほめるときは全員ほめる、も立派なテクニックの1つであり、私が先人から学んだ大切な技術です。

ただし、それに対する「結果」だけを見るようではいけません。

使えた、使えなかった、役に立った、役に立たなかった、よくなった、よくならなかった…こうした二元論で物事を判断してはいけないのです（ＳＮＳは機能的にも風潮的にも二元論に陥りやすいから注意が必要です）。

少なくとも、全員ほめたときに自分にどんな感情が去来したか、自分の教育観と合っていたか、これを使い続けるとどうなるか…といった、**技術を用いたときに自分と向き合い内省できる教育こそが「よい」教育**なのかもしれません。悪い言い方をすれば、すべての教育は「洗脳」であるとも言えます。「ほめる・叱る」といった人格形成に関わるような行為は、教師であるならば特に深く考えておかなくてはいけないと思います。

その結果、この場合、私ならば「ほめる」けれども「感謝」を重視する、というように個人の教育観が技術に反映されるようになるわけです。

「自分のことは自分で」と「助け合い」のバランスを取る

私が低学年や中学年をはじめて担任して驚いた出来事の1つに、友だち同士の「助け合い」があります。

だれかが給食をこぼせば、みんなで片づける。
わからない問題は、互いに教える。
1人でいる子がいたら、外遊びに誘う。

こういう「優しいなあ…」と思わずほっこりする姿をたくさん見られるのが、低学年や中学年を担任するよさの1つかもしれません。

高学年になると論理的に考える傾向が強くなり、このような純朴な面は減ってきます。

もちろん高学年の子どもたちも優しいことに変わりはありません。

しかしながら、「困っているから助けよう」と考えるのと同時に「それは本当に相手のためになるのか」「意味があるのか」も論理的に考えるようになります。

先ほどの3つのシーンでも、

「あれぐらいは自分で片づけられるかな」
「なんでも教えてしまってはその人のためにならない」
「もしかしたら1人でいたいだけなのかも」

と、状況に合わせて考えられるようになってくるわけです。

3年生にはまだまだこのような考え方はできないため、「自分のことは自分で」と「助け合い」のバランスは常に注意していないといけません。

本書を読むのは若手の先生が多いのではないかと思いますが、若手の先生はここまで読むと「ああ、明日からもう少し厳しくしないとな…」と思うかもしれません。私も若手のころは、「須永先生、あれぐらい自分でやらせなきゃだめだよ。子どもたちに手を出させ過ぎ」と言われてきました。

そのたびに「よし、ちょっと注意しないとな…」と思って注意をしたのですが、どうもうまくいきませんでした。今振り返れば、うまくいかないのは当たり前です。先生が今の今まで「よい」としていたことが急に「よくない」ことになってしまうのですから。

今でも忘れられないのが給食の片づけです。食べ終わるのが遅い子の片づけを、早い子が手伝っていたのですが、手伝いがあまりに行き過ぎて、もはや手伝いではなくなっていたことがありました。主任の先生が見かねて注意してくれたのですが、突然手伝いがなくなったわけですから、片づけの遅い子にとっては大変です。ある子は急にみんなから「自分でやるんだよ」と言われて、昼休みに泣きながら配膳室で片づけをしていました。その姿が今でも忘れられません。

あなたのクラスは、あなたのクラスのバランスで成り立っています。ベテランの先生のアドバイスは大切にするべきですが、その場の思いつき注意でバランスや環境が乱されてしまう点に注意しないといけません。

緊急性がある場合を除き、環境はゆっくりと変えていくべきです。熱帯魚を新しい水槽に移すときは、新しい水を少しずつ混ぜて、時間をかけて行います。そうしないと熱帯魚が環境に適応できずに弱ってしまうからです。

教室も同じです。

友だちの分まで問題を解いてしまう子、友だちの給食セットまで用意してしまう子、友だちの絵の具の色塗りまで手伝ってしまう子…と、３年生では行き過ぎた「助け合い」が多く見られますが、それでうまく成り立っているとも考えられるのです。その場の思いつき注意でかえって環境を乱すようでは本末転倒です。

変えていくのは目の前の行為ではありません。

子どもたちの考え方です。

目の前の行いをただ止めさせるだけでは意味がありません。

何を自分でやった方がいいのか、なぜ自分でやった方がいいのか、急に自分でやることにして大丈夫なのか、どのようにステップアップしていくべきなのか…と、学級会などを通して子どもたちと話し合うべきです。

ベテランの先生の声かけや、隣のクラスと比較して焦って…というような、自分自身の都合によって子どもたちを振り回さないようにだけは注意したいものです。

1学期

どんなに小さなことでも、はじめは徹底して「聞く」

はじめは徹底して子どもたちの話を聞きましょう。特に、子どもたちからの陳情は逃さずに聞きます。

そのかわり、**聞くだけで大丈夫**です。感覚的に、陳情の9割は、話を聞くだけで子どもは満足し解決します（残りの1割はけんかや悪口といった本当に対処するべき訴えなので、しっかり対処するべきです）。

少々乱暴ですが「9割は聞けば満足する」は、ベテランの先生ならうなずかれるところではないでしょうか。

いずれにしても、それほど3年生は先生に対する訴えや申し出が多いのです。

ある年、あまりに陳情が多いため数を数えた記録が日記に残っています。その数なんと32回。同じ子からの同じ申し出が15回あったので正確には18回ですが、それでも多いでしよう。

このときの私は、子どもたちの訴えにすべて応えようとしていたので、ちょっとノイローゼ気味になっていました（だから数を数えていたのでしょう…）。しかし、現実的に32回の訴えにすべて応えるのは不可能です。

それを無理してやろうとしていたのですから、子どもたちも「先生に言えば何とかしてくれる」と考えるのは当然です。子どもたちからの訴えが日に日に増えていくのは必然でした。

だからといって、「今は忙しいから後でね」「そんなことは自分たちで解決しなさい」と突っぱねるのはどうでしょう。経験を積むと、それでも乗り切れる人はいるわけですが、それはそれで違うように思います。

ですから、折衷案として徹底的に話を聞くのです。聞くだけでなく、余裕があればメモも取りましょう。**質問や労いの言葉も大切**です。

例えば「さっきの国語の授業で男子たちが話し合いに参加せずにふざけていた」と訴えがあったとします。

それを聞いたら「すぐには注意できないけど、忘れないように書いておこうね」とメモします。メモすればその子は「聞いてもらえた」と安心できますし、実際に今後の指導で役に立つかもしれません。

余裕があれば質問もしましょう。

「今日の国語だけじゃなくて、他の授業でもあった？」

「○○さんはいつも注意してくれているの？」

「グループの他の子たちはどうしていたの？」

と詳しい状況を把握していきます。

その子が注意をしたり皆をまとめてくれようとがんばってくれたりしていれば、「先生が気づかなくてごめんね。しっかりやろうとしてくれてありがとう」と労いの言葉をかけられます。「次は先生もよく見るようにするよ」と約束してもよいかもしれません。

もちろん、その男子たちが目に余るような態度であったのなら、直接呼んで指導をしなくてはいけません。

しかし、必ず指導をしなくてはいけないわけでもありません。それをしようとすると、私のように神経をすり減らす結果になってしまいます。このさじ加減が難しいわけですが、**必ず対処しなくてはならないという思い込みを減らすだけでも、心のゆとりが生まれる**でしょう。

もし、複数の子が同時に話しに来たら、「後で必ず聞くから」と約束して昼休みなどに話を聞きます。忘れないように必ずメモもします。メモに残してあると「○○さんと○○さんの後になるけどちゃんと聞くからね」と話を聞く順番を明示できます。

このように予約が入るほど陳情が来る日はそう多くはないでしょうが、特に1学期は話を徹底して聞くことが信頼関係の構築につながります。子どもたちの関係や教室の状況もよく見えるようになります。

「話を聞く」という行為はメリットも多いので、ぜひ意識してみてください。

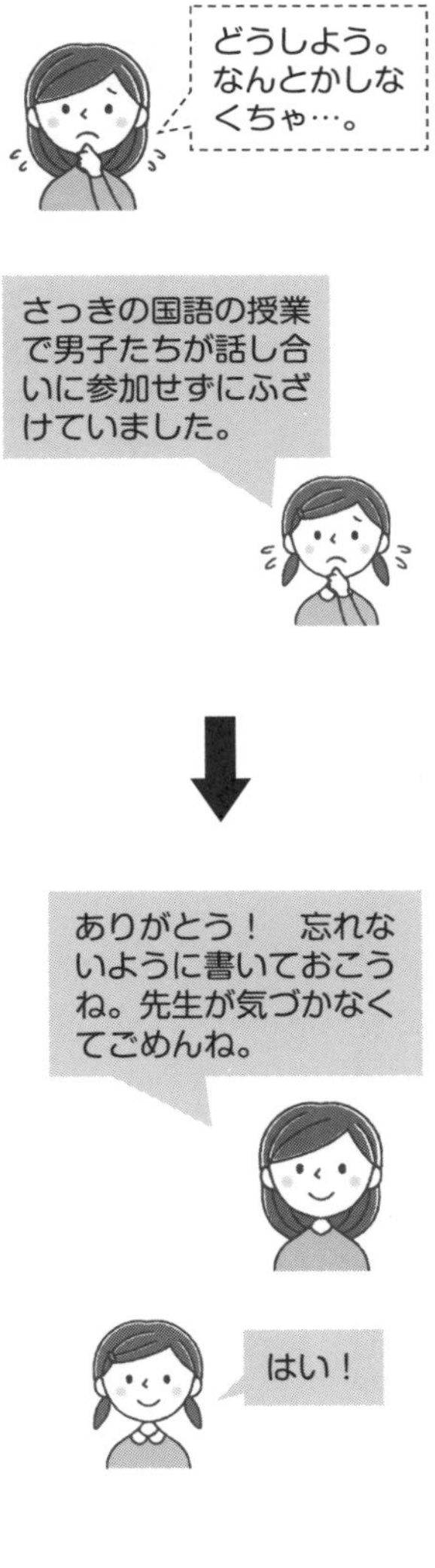
どうしよう。なんとかしなくちゃ…。
さっきの国語の授業で男子たちが話し合いに参加せずにふざけていました。
ありがとう！　忘れないように書いておこうね。先生が気づかなくてごめんね。
はい！

1学期

「子どもたちが交流できる場」をたくさん用意する

3年生は、クラス替えのある学年です（私が勤務する栃木県は、3年と5年でのクラス替えが普通です）。

クラス替えは、子ども・保護者にとっては一大行事です。特に3年生ははじめてのクラス替えなので、

「幼稚園・保育園から一緒だった友だちと離れてしまった」
「担任に離してほしいと伝えておいたのに、○○さんと同じクラスになった」
「仲のいい子がだれもいなくて話せる友だちがいないと言っている」

といったような話を夏休みの個人面談でたくさん聞きます（コロナ禍で家庭訪問がなくなり、保護者と直接話せるのは夏休みだけになっています）。

私自身も、夏休みの個人面談で「4月はとても暗い顔だったけれども、友だちができて

すっかり楽しくなったようです」と言われて、内心「そうだったのか…」と思うことがあります。

もちろん個人差はありますが、３年生は基本的に元気いっぱいに見えます。クラス替えで悲しい思いをしているようには見えません。**そうした見えない思いを汲み取るのは難しく、何もしないと簡単に見落としてしまいます。**

そこで、まずは子どもたちの記録を読み返すようにしましょう。２年生のときの教育相談の記録で交友関係を把握します。すると、本当に仲のよい子全員と離れてしまっている場合があるので驚きです。出身の幼稚園・保育園は指導要録に記載されているので確かめられます。

加えて、アンケートを採ってもよいかもしれません。仲のよい友だちが何人いるか、そこまで仲はよくなくても話せる友だちがいるか、具体的なことがわかりやすくなります（アンケートを採る場合は、学年主任、管理職に必ず相談しましょう）。

今はコロナ禍で保護者との接点があまりありませんが、もし4月に懇談会があるのなら「クラス替え（新しいクラス）について何か不安があったら早めに相談してください」と話しておきましょう。そのひと言があるかないかは結構大きいと思います。

子どもたちが交流できる場も、たくさん設定するとよいでしょう。

例えば、私の場合、4月は1分間スピーチのかわりに、1分間の自己紹介をペアでさせていました。これを1日3回繰り返すと、10回でクラス全員とペアを組める計算になります。

「自由にペアを組んでいいけれど、組んでない人と組むようにするんだよ」と指示すると、3年生ならはずかしがらずに積極的に声をかけてくれます。以前、高学年でこの自己紹介をしたときは、はずかしがってペアすら組まなかったことがありますから、この積極性を生かさない手はありません。

ただし、今の学校は忙しいので、交流活動をしようとしてもなかなか時間が取れないのが実情です。したがって、**授業や朝の時間を活用し、短い時間で行えるようにするとよい**でしょう（短時間の方が、子どもたちの心理的負担も軽減されます）。

朝の活動なら、1分間のペア・グループでのおしゃべりを何回か行う、授業なら1分程度の話し合いを多く入れる、これだけでも子どもたちの関係は深まります。特に、低学年時は一斉授業が基本なので、話し合い活動は子どもたちにとっても新鮮です。楽しく取り組めるはずです。

例えば、国語の時間に自分の考えをノートに書いたとします。すぐに発表をするのではなく、

・グループの友だちと順番に交流する
・自由にペアを組んで１分間の話し合いを３セット行う
・３分間自由に動き回って自由に（または男女ペアなどの制限を設けて）話し合いを行う

などのミニ交流をはさむようにするとよいでしょう。

私自身、このミニ交流には何度助けられたかわかりません。子どもたちには「先生が話し合える場をつくってくれるから仲良くなれた」と喜んでもらえますし、何より**一人ひとりがクラスのだれとでも話せるようになると、クラスがとても温かい雰囲気になります。**

1学期

子どもの成長過程を理解して、保護者の「不安」を受け止める

1年生の保護者対応は大変です。

高学年ばかり担任している私としては、話を聞くたびに「そんなことで？」と思ってしまいますが、1年生の子どもと同じく、1年生の保護者も右も左もわからないわけですから、仕方がありません。

それと同じように、3年生の保護者も対応が難しいというのが私の実感です。

確かに、保護者は学校には慣れているでしょう。しかし、子どもが変わってくるのです。

3年生になると、子どもたちは低学年のように、親の言いつけを素直に聞かなくなります。口が達者になり、親よりも友だち同士の結びつきを強く意識し出します。親に隠し事をし始めますし、うそもつくようになります。行動範囲が広がり、お小づかいをほしがるようになる子もいるでしょう。

こうした「親離れ」は成長の過程ではまったく正常です。

しかし、親は子どもがはじめて見せる反抗期に大きく戸惑います。

保護者からの訴えは、こうした背景を前提として受け止めるべきです。

例えば「子どもたちが学校で決められた学区外に自転車で遊びに行っている」と保護者から訴えがあったとしましょう。

学校としては、自転車の範囲は目安で設定している（法的拘束力はない）ので、あとは家庭の判断に任せるのが普通です。高学年の保護者なら相談すらしないはずですが、3年生の保護者が訴えてきた場合は事情が変わってきます。

単に「正してほしい」「守らせてほしい」のではなく、実は「子どもが友だちと自転車で遊び出すようになり、言いつけを聞かずに困っている」かもしれないからです。「我が子の変化に戸惑っている」などと自分からは言い出せない保護者もいます。あくまで背景にある思いを汲み取る努力をしないといけません。

以前「先生は学校で『鉛筆はシンプルなものを使うように』と言ったそうですが、キャラクターものの鉛筆は使ってはいけないのですか？」と連絡帳に1ページくらいに渡って質問されたことがありました。

教師としては思わず身構えてしまう場面です。しかしよく話を聞くと、実は「友だちと同じ鉛筆を持って行きたい」と子どもが言い出し、昨夜はじめて親子げんかしたそうなのです。この話をきっかけに、その保護者とは協力してよりよい2年間を過ごすことができました。

3年生の保護者の訴えには必ずこうした背景があります。この場合も、質問に対して「なるべくシンプルなものを使わせてください」「事情があればキャラクター鉛筆でもいいですよ」などと事実のみで応えていたら、信頼関係は築けなかったでしょう。

その他にも、3年生になると悩み事がたくさん増えます。

例えば、宿題。3年生になると能力差が顕著に表れますから、我が子が他の子と同じようにできないことに焦りをもつ親が出てきます。他にも、ゲームなどに夢中になって親の言いつけを守らない、低学年と同じように手取り足取り宿題を見てあげてもいいのか、塾や習い事が増えて宿題をやらせる時間がない…と、宿題1つとってもキリがありません。

男女の性差も悩みの1つのようです。母親にとっては、男の子らしくなり始めた我が子は未知なる存在に映るらしく、よく「あまりにもだらしないけれども、どこまで厳しくしていいかわからない」と相談を受けます。女性にとって、男性は欠点だらけに見えるものなのです。

さらに、子どもが3年生になったのを機に、仕事に復帰する保護者も出始めます。学童保育をやめて、いわゆる「カギっ子」になる子も増えます。

3年生になるのは、保護者にとってもまさに一大イベント。**一学期は特に「保護者は大きな岐路に立っている」と受け止めましょう**。

懇談会などで保護者と対面する機会があれば、担任としての抱負を語るだけでなく、保護者に寄り添う姿勢を見せるべきです。

私はよく、次のように語ります。

「低学年のころと比べ、子どもたちはますます逞しくなり、それぞれの個性が現れてくる時期です。保護者の皆様も子どもたちの変化に戸惑うかもしれません。しかし、それぞれの個性がよりよく伸びていけるよう、何事も柔軟な発想をもって対応したいと考えています。ぜひお気軽にご相談くだされればと思います」

「学校なのだから○○するべき」「低学年のころは○○だったから」といった〝学校の先生らしい〟発想を一度捨てて保護者に寄り添い、その子自身の成長を見守る姿勢で臨みましょう。

1学期
社会科見学を通して、「自発性」と「社交性」を養う

３年生ではじめて社会科見学に行きます。早ければ５月に行く場合もあるでしょう。はじめて学区外に出て「学習」するわけですから、この指導の機会を逃してはいけません。３年生では「行くのがやっと」というのが教師の本音かもしれませんが、事前指導をしっかり行うと、充実した社会科見学になります。

余裕がある場合は、２年生の「遠足」や「町たんけん」とどう違うのか、子どもたちと話し合うとよいでしょう。子どもたちの意見を足がかりに指導を進めていくのが理想ですが、時間がなければ教師が指導事項をリストアップし

てもよいと思います。

ちなみに、私は高学年の担任が多いので、毎年のように宿泊学習や修学旅行に行きますから、子どもたちに指導するポイントが普通の先生とちょっと違います。「こういうときにあいさつできるようじゃないとだめだ」とか、「宿泊学習では自分たちで時間管理をするのだから、お昼の時間くらい自分たちで考えさせて行動させよう」とか、「修学旅行では班別活動をするのだから、もう少し自由に動き回れる機会をつくろう」とか。

一方で、低学年の経験の多い先生と組むと、「この場面では子どもたちが混乱するから広場で整列してからクラス別に入ろう」とか、「お昼の場所の遊具はちょっと危険だから使い方を制限しよう」とか、「はじめての長時間バスになるから、万が一に備えて停まれる場所を調べておこう」とか、思わず「なるほど～」と言ってしまうような意見をたくさん聞くことができます。

高学年らしくしようと思えばそうできるし、低学年のようにしようと思えばそうできるのが３年生の難しく、なおかつおもしろいところなのです。

また、３年生の社会科見学は自由度が高いです。５年生の宿泊学習、６年生の修学旅行はたいてい毎年同じところに行きますし、内容もだいたい同じです。１、２年生の遠足も同様で、小さい子が行ける場所はだいたいどの街も限られています。

ところが、3年生は市政を中心に学ぶため、行く場所を自由に選べます。思いつくだけでも警察署、市役所、水道局、ごみ処理場、お菓子工場、食品工場、大型スーパー、道の駅などの物産店、城跡や古墳、博物館、畜産施設、ＪＡなどの農業施設（実際に自分が行った場所です）…と、選り取り見取りです。はじめて主任をしたときは、行かないといけない場所が多すぎて選ぶのに困ったほどです。学校によっては、年に2回に分けて社会科見学をするところもあります。

私は高学年担任が多いので、3年生を担任するときも、子どもたちの「先」の姿を常に考えているのですが、**はじめての社会科見学で身につけてほしいのが、「自発性」と「社交性」**です。

1つ目の「自発性」。

6年生の修学旅行では班別行動、5年生の宿泊自然教室などではクラスレクリエーションを多くの学校で行います。その際に自発的にどんどん計画できる学年ならよいのですが、そうでないと大変です。修学旅行の班別行動ではバスや電車の時刻表や飲食店のリストを配ったり、宿泊自然教室ではレクリエーションの司会やゲームのルールなどの計画の御膳立てをしたり…と、いくら手があっても足りません。一方で「やっておくんだよ」と言えばどんどん自分たちでできる学年もあります。これは、どんな中学年を過ごしてきたかに左右されます。

３年生の社会科見学もすべては工夫次第です。**市内で見学したい施設を子どもたちに調べさせて全体で話し合う、博物館の下調べをさせてグループごとに計画的に見学させる…と、自発性を養う工夫はいくらでもできます。**

２つ目は「社交性」です。

修学旅行や宿泊学習は自由度が高いため、マナーや常識が身についているか否かが非常に重要になってきます。あいさつをする、騒がずに過ごす、時間を守る、言葉づかいに気をつけるといったマナーから、みんなで楽しく過ごす、協力して行動するといった協調性がいかに身についているかで、指導の困難さがまったく変わってきます。

３年生の社会科見学は全体行動が基本ですが、こうしたマナー指導は可能です。達成したい目標を子どもたちと決めておくと明確になります。**「施設の人の話は静かに聞く」「バスの運転手さんにあいさつをする」**など、**具体的な目標を立てるとよいでしょう。**

2学期

「個人」から「集団」へとシフトチェンジしていく

学級の状態や子どもたちの発達状況でも変わってきますが、私が集団を意識させ始めるのは2学期からです。

1学期は個人の話をよく聞き、その子なりの考えや感情を十分理解するために費やします。たとえDoingでは否定しても、Beingを認めて安心感や無条件の信頼感を伝えるよう努力します。

6年生なら、「学校の代表なのだから○○するべき」「学校のルールは○○なのだから○○するべき」と1学期から指導してもよいでしょう。6年生ならば、自分の意に反したとしても、「きまりだから」「集団が優先だから」と自己消化できるからです。

しかし、3年生はそう簡単にわりきれるほど大人ではありません。中には「もう低学年じゃないのだから」と強権的な指導を繰り返す先生がいますが、（そういう指導は必要にせよ）強権によって一斉排除されてしまった子どもたちの意志の存在に自覚的でないといけません。そうでないと、子どもたちの不満が学級崩壊に直結します。

そうして1学期のうちに個人との結びつきを意識して過ごしていると、子どもたちの横のつながりも（あくまで経験的事実ですが）深まっていきます。次第に子どもたちは「自分で」から「自分たちで」に変わってきます。この変化が見られてきたら、クラスとしての「集団」を少しずつ意識させていきます。

例えば、2学期は子どもたちから「お楽しみ会をやりたい」「係活動でイベントを開きたい」と提案を受けることが増えます。私は自分たちで提案してきた積極性をほめます。**ほめちぎりますが、運営も「自分たちで」やるように強調します**。「やってもいいけれど、クラス会議で提案したり、どこかの係が担当したりしてリーダーシップをとらないと実現しないよ」と発破をかけるのです。**子どもたちの提案を実現させてあげたいあまり、準備を手伝いたい気持ちにもなりますが、ここは我慢が必要**です。

もちろん、サポートは必要です。「ここは無理だな」と思うところでは助けましょう。ただ、私は「サポートされて当たり前」と思っている意識を変えたいわけです。高学年を担任していると、本当にこの必要性を強く感じます。

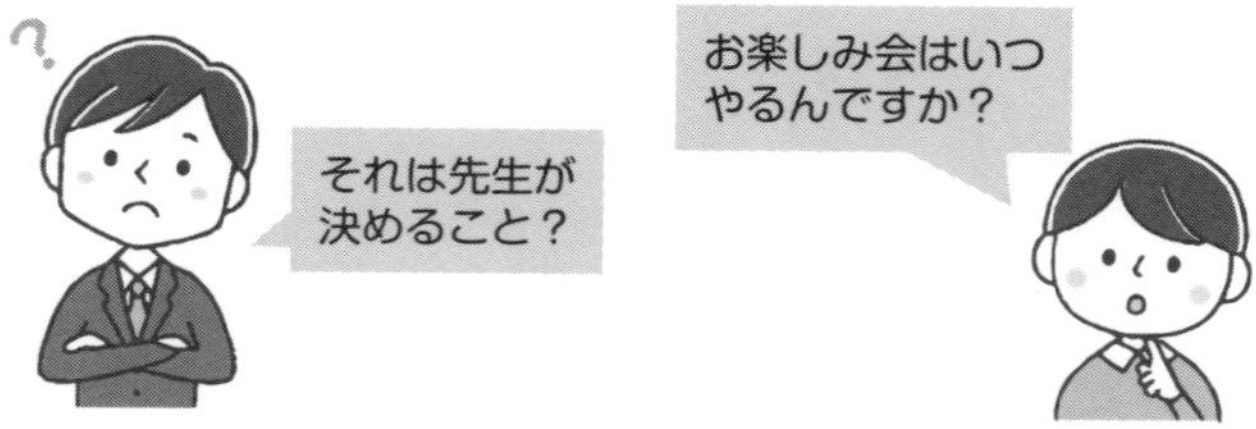
お楽しみ会はいつ
やるんですか？
それは先生が
決めること？

「お楽しみ会をしたい」と言ったものの、はじめ子どもたちは何もしないでしょう。子どもたちから「いつやるんですか？」と不満げに言われるかもしれません。

ここで私は、次のように問い返します。

「お楽しみ会は自分たちのためのお楽しみ会でしょう？　なぜ先生がいつやるかを決めないといけないの？　何でも先生にやってもらって、そんなお楽しみ会をしたいの？」

冷たく聞こえるかもしれませんが、これくらいは必要です。今の先生は基本的に何でもやってあげ過ぎです。

大切なのは、お楽しみ会の実現ではありません。その過程です。

さらに、次のように話します。

「お楽しみ会の実行は、クラス会議での決定事項です。クラスのほとんどの人が賛成に手をあげました。計画も立てました。でも、なぜほとんどの人が準備を手伝わないのでしょう？　だれがお楽しみ会をするのでしょうか？　一部のやる気のある人ですか？　準備もろくにしないで、本番だけ楽しんで、それは本当に楽しいというのでしょうか？　自分たちでやったと言えますか？　そういうお楽しみ会が本当に楽しいかどうか考えていますか？」

私の場合、毎週クラス会議を開いているので、子どもたちはクラス会議の決定事項の重さをよく理解しています（こういった、集団の意思決定をする場を設けることは大事です）。

こう話すと、たいていの場合はエンジンがかかります。どの子もやる気になります。

「自分たちで」やろう、と意識が変わってきます。

この段階にきて、やっと教師のサポートが生きてくるのではないかと私は思います。

2学期

「友だち」という存在について考える機会をもつ

2学期になると、グループが定着し始めます。

グループが定着するのは当たり前ですから、心配する必要はありません。先に述べた通り、ミニ交流の機会をたくさんつくって、人間関係の流動性を保っていれば、多くは問題にならないでしょう。2学期は「仲良しのグループで過ごしているけれども、クラスの誰とでも話せる状態」を保てていれば大丈夫です。

ただし、全体としてはよい流れにあるとしても、子どもたちをよく見ると、ちょっと心配になる子たちも散見されるでしょう。

・いついかなるときも2人だけでべったりしている。
・特定の仲良しの子がいない。

・グループの中で明らかなカーストができ上がってしまっている。

これらの問題に対する考え方は人それぞれです。問題だと思わない教育観をもつ教師もいるでしょう。ですから、これらの問題の対処方法を書く前に、私の前提（教育観）を明示しておきます。

私は学校を「**多種多様な人とゆるくつながる経験を積む場**」と捉えています。

大人になれば、人間関係は選べます。医者は医者同士、教師は教師同士でつるむのが普通です。自分は教師だけど、つき合いの深いクラブＤＪがたくさんいる、なんていう人は稀でしょう。また、プライベートで嫌いな相手とあえてつき合う人はいないでしょう。プライベートこそ人づき合いを選びます。

つまり、自分の意思にかかわらず、無作為かつ強制的に人が集まる場は学校しかないのです。農家の子もいれば医者の子もいる。音楽が好きな子もいれば外でずっと遊ぶ子もいる。内気な子もいれば活発な子もいる。

多種多様な人間に触れ合えるチャンスは学校しかありません。この点を、私は子どもたちに話します。

例えばずっと2人だけでいる子たちがいた場合、学校がどういう場なのか説明したうえで、「家でも学校でも、同じ人とずっと一緒にいたら自分の可能性は広がりますか？」と話します。

もちろん、特別仲良しの子がいるのは当たり前です。特別な友情を築けるのも学校のよいところです。しかし、だからといって、四六時中一緒にいるのはおかしいと私は思います。3年生には難しいかもしれませんが、真剣に話せば結構通じます。

逆に、特定の友だちがいなくて1人でいるのが多い子も私は心配です。こういう子に対して「1人でいるのは悪いことじゃないよ」とアドバイスする先生がいますが、私は小学生に対してはやや酷なアドバイスなのではないかと思います。少なくとも、親からしたら「そんなわかったようなこと言わないでほしい」と感じるでしょう。

私なら、その子と一緒に遊びます。**先生が遊びに誘えば、自然と他の子も集まってくるから**です。3年生なら、一緒に遊んでいるうちに仲が深まります（少なくとも、私はそれで失敗したことはありません）。四の五の言っていないで、遊んでしまうのが一番手っ取り早いのです（もちろん、その子がどうしても1人でいたいと言うときには、そっとしておく配慮も必要です）。

グループ内でカーストが見られるときも同じです。そのグループに入ってどんどん遊びます。はじめは子ども目線で一緒になって遊びましょう。先生に対して失礼な態度を取る場合もありますが、たいていは大目に見ます。教師が遊びに加わることによって、自然とカーストが解消されれば、それでOKです。もし改善が見られないなら、グループの子たちを集めて話をします。教師も遊びの一員として意見します。一緒に遊んでいる仲なので説得力が違います。

2学期ごろから見られる3年生の友だち関係について書いてきましたが、**一番よいのは、やはりクラス会議などの、クラスの問題点や現状を話し合える場があること**です。教師もクラスの一員として議題箱に投書するのです。

低学年のころは「みんな仲良し」が普通の世界ですから、3年生の子たちは友だちに関して驚くほど無知で無防備です。一緒になって考える、同じ目線で意見を交換する、こうした1人の人間として関わる意識を常にもちましょう。

2学期

「人は人、自分は自分」を意識させる

3年生も2学期になると、発達の違いが顕著になってきます。

身体面についていうと、まだまだ1年生のような子もいれば、高学年のような体格の子もいます。

精神面においても違いは顕著です。

喜怒哀楽の感情をよく表して直線的に物事を判断する子もいれば、大人のようなふるまいをして少し距離を置いてまわりを見る子もいます。

大人のようなふるまいをする子は、教師の話をよく理解し、あれこれと手伝ってくれたりするので、教師もついつい重宝しがちです。**お願い事を常にそういう子たちにしてしまい、そういう子たちばかりの相手をして、他の子たちは蚊帳の外…という「無意識の分断」が3年生は極めて生じやすい**のです。私の経験ですが、子どもたちが成長してくる2

学期は特に注意が必要です。

こうした分断に教師が無意識のままでいると、子どもたち同士もぶつかり始めます。いわゆる「いい子」のグループが正義（学校のルールや慣習）を振りかざして、厳しく注意し始めるのです。**「いい子」たちは教師の後ろ盾があるので強権的**です。

これは難しい問題です。

なかなか「こうするべき」とは言いきれませんが、私は**「人は人、自分は自分」を徹底して言い聞かせるようにしています**。

3年生の子たちはまだまだ他者理解が十分にできません。自分が中心です。「自分が正しいのだから、相手を変えよう」と思ってしまうのです。

例えば、授業中にある子が私語をしたとします。まわりの子が「授業中だからやめなよ」と注意しました。ここまではよいのです。

しかし、私語がそれでもやまなかった場合、注意する人数がどんどん増えてしまうのが3年生です。寄ってたかって「ダメだよ！」と言うでしょう。相手の行動が変容するまで自分の主張をやめません。高学年なら「一度注意したのだからいいだろう。あとは先生に任せよう」と判断するでしょうが、**3年生は自分と違うことをする相手をなかなか受け入れられない**のです。

私のクラスでも「授業の開始の時間を守る」というルールが守れず、クラスが分断された時期がありました。2学期になると遠慮がなくなる分、お互いの主張も激しくなります。

このままではよくないと思い、私は、

「クラスのルールが守れないときに、注意する側も注意される側も、何に気をつけたらよいのか」

とクラス会議に投書しました。

子どもたちの結論は見事でした。

①他の人の迷惑になるようなことは基本しない

②一度注意してやめない場合は先生に任せる

子どもたちは「注意することがよくないときもある。第一だれかの迷惑にならないのなら、その人の自由ではないか」と主張していました。

他にも「だめなことをだめと言うのは大切だけど、だめなことをだめと決めているのは自分。だからそれを押しつけて人の考え方まで変えてしまったら、それは自分と同じになれと言っているのと同じで、それはちょっとひどいことだと思う」と言う子もいました。「3年生でもここまで考えられるのか」と、とても驚いたので今でもよく覚えています。

私は自立した学級づくりを目標に掲げているので、2学期は「自分たちで」を意識させます。すると、**時に「自分たちで」が同調圧力に変質してしまう場合があります**。場合によっては、それがやがて「分断」につながってしまうわけです。

人は人。

自分は自分。

成長のスピードも個性も人それぞれ。

集団を意識し始めるからこそ、それぞれの「個性」にも気を配るべきです。

2学期 言葉づかい、持ち物などの「生活習慣の乱れ」を見逃さない

「親しき中にも礼儀あり」といいますが、3年生を見ていると、2学期ごろから見事に礼儀が崩れていくのを感じます。

例えば、2学期の中頃は、わざと大人ぶった言い方をしたり、乱れた言葉づかいをしたりし始める子が目に見えて増えます。そういう**「背伸びした自分」が心地よく感じられる年齢だから**です。

大人になるうえでは大切な成長過程なのですが、そうした粗野なふるまいを大人にたしなめられるのもまた大切です。3年生の段階できちんと指導しなくてはいけません。

言葉づかいに関しては、**間接的指導と直接的指導**を行います。

まずは「言葉づかいの乱れ＝大人になること」ではないことを説明します。むしろ社会

に出たら、言葉づかい1つで判断されてしまいます。大人の世界の方がよほど言葉づかいに気を使わなくてはいけない事実を示しましょう。

友だち関係と言葉づかいについて話すのもよいと思います。「大切に思う友だちだからこそ、よい言葉をプレゼントするべき」と私は話します。

次に直接的指導です。

この時期の男子（に限らずですが）は、卑猥なワードをはずかしげもなく突然言ったりします。

こういうときに、どうするか。

ケースバイケースですが「そういう言葉を家の人や校長先生の前でも言えますか？」とピシッと指導しなくてはなりません。ベテランの先生は、そうした指導の「瞬発力」をもっています（私も若いころは瞬時に反応できずに右往左往していましたが、心がけていると次第にできるようになります）。

２つ目は持ち物です。

低学年のころとは違い、だんだん親の手が離れてくるので、持ち物にもルーズになってきます。

判断力が未発達なので、漫画やゲーム、カード、お菓子などを平気で学校に持って来ることもしばしば起こります。

1つ見つけたら氷山の一角だと思ってください。見つかった当事者だけを指導してはいけません。まわりの子たちに根掘り葉掘り話を聞いていくと、必ず芋づる式に他の問題も出てきます。

決して子どもたちを追い詰めてはいけませんが、持ち物の問題は根深いのだという自覚は持ちましょう。無自覚なままでいると、友だちの持ち物を盗んだり、お小づかいをもち込んで売り買いを始めたりする可能性もあります。

「そんなバカな」と思うかもしれませんが、**3年生はそもそも「悪いことをしている」という感覚があまりないので、高学年では起こり得ないような、驚くべき事態に発展してしまうケースがある**のです。無自覚ほど恐ろしいものはありません。なぜそれが問題なのかよく教えるスタンスで指導に臨みましょう。

また、子どもたちは持ち物の貸し借りもし始めます。中には友だちに使ってほしいあまりに、半ば強引に貸し出そうとする子も出てきます。**ものの貸し借り＝友情の証と捉えてしまう**のです。ギャングエイジらしい行動ではありますが、ものの貸し借りは基本的に禁止にしておかないと、大変な事態に発展します。高学年とは違い、やはり3年生は持ち物に対して無頓着なので、借りたものを返さない、名前を書き替えて自分のものにする、乱暴に扱って平気で壊す、などの問題行動を起こすからです。

ものが壊れたりなくなったりしてしまうと、それを解決するには膨大な労力が必要になります。当然、子どもたち同士で折り合いがつけられるわけもなく、金銭トラブルにも発展しかねません。

リスクがあまりに大きいため、繰り返しになりますが、**基本的には禁止にするのが妥当**です。日頃から持ち物の大切さをよく聞かせ、なくなったり壊してしまったりした場合について子どもたちとよく話し合っておくべきです。例えば、3年生を担任すると「家から自分の本を持って来ていいですか」と必ず質問を受けるのですが、私は許可を出す前に、リスクについて子どもたちとよく話し合うようにしています。

もちろん、持ち物に関しては学年で話し合い、統一しておくのが無難です。

2学期

「縦のつながり」を再検討する

私の実感ですが、3年生の指導は、縦のつながり（子どもとの距離感）を正常に保つのが非常に難しいです。**2学期になって慣れてくると（早い場合は1学期の中頃には）、あっという間に距離を詰められて、学級崩壊してしまいます。**

低学年のうちはまだ保育的な側面も強いため、子どもとの距離は近くても大丈夫です。幼稚園や保育園の先生の名残りがあるため、子どもたちとの距離が縮まったからといって、それが学級崩壊などに直結するわけではありません。むしろ、距離が近い方が指導しやすい面もあります。

高学年は、逆に距離が縮められなくて悩んでいるケースが多いようです。20代はそこまで感じないかもしれませんが、30代にもなると、怖がられているようで、いっこうに距離が縮まらないという悩みをよく聞きます（私もですが…）。

その点、３年生はあっという間に教師との距離を詰めてきますから、高学年を多く担任してきた私としては、すさまじいものを感じます。加えて、低学年とは違い、「このまま子どもたちのペースに任せるとだめだな」という危険信号を肌でビリビリと感じます。

もちろん私も若いころはこの危険信号にまったく気づかなかったし、主任の先生に直接指導されてもピンときていませんでした。「仲良くなって何が悪いの？」くらいにしか思っていなかったのです。

一応、中堅教師になった今の自分からすると、当時の自分にこう言いたいです。

「**仲良くなってるんじゃなくて、単純にナメられてるだけだよ**」と。

こんなことは、職場では言えません。私だけではなくて、他の先生もこんなことは言いません。だから、だれも言わないし、本にも書かれないのですが、本音を言うとそういうことです。

だから「威張れ」と言いたいわけではありません。

態度の問題ではないのです。威張っていても、ナメられている人はたくさんいます。

仲良くなってもよいのです。タメ口で話しても構いません。一緒にたくさん遊んでください。たまに羽目を外すのもいいでしょう。

でも、ナメられてはいけない。

いや、ナメさせてはいけない。

例えば、あなたの学校の校長先生は職員からナメられていますか？　きっと、どんなに優しく仲がよかったとしても、ナメられてはいないでしょう。もし、校長が職員からナメられていたら、その職場は全員にとって幸せな場所でしょうか？　きっと、管理職も教員も全員が不幸になるでしょう。

だから、管理職はナメられてはいけないし、ナメられないように「管理職という役職を演じきって（全うして）」いるのです。

もし、あなたが子どもたちにナメられていると感じたのなら、「教師である」という自覚が足りません。あなたは近所に住んでいるお兄さん、お姉さんではないのです。教室の管理責任者、子どもたちのリーダーです。**リーダーがリーダーであることを放棄すれば、教室の全員が不幸になってしまう**でしょう。

しかし、教育は感情労働なので、自分を排してまで教師を演じるのは疲れます。

だから**「ここはだめだな」という部分だけ「これは職務（教師）だから仕方がない」とわりきるようにしましょう**。

例えば、次の図工の時間に必要な道具を運ぶとします。道具を運ぶのは基本的に子どもたちです。一大人としたら、運んであげてもいいかもしれませんが、教師なら子どもたちに運ばせるべきです。

ここで、係の子を呼んでお願いしようとしたとします。

もしナメられていたら、まず呼んでも係の子たちはなかなか集まって来ないでしょう。子どもたちがリーダーの発言を軽んじているからです。本来は、大きな声を出さなくても「図工係来なさい」と言ったらパッと集まれるのが普通です。

さらに、物事を頼んだとき、子どもたちはどう反応するでしょうか。黙って去ってしまうでしょうか？　「ヤダ」と拒否するでしょうか？　ブツブツ文句を言いながら引き受けるでしょうか？

ここでは「はい。わかりました」が基本です。もし、できない理由があるなら「今は○○をしていてできません」としっかり話すべきです。それが大きく崩れているのだとしたら、やはりナメられています。

ちょっと厳しすぎるように感じるでしょうか。

でも、もし教職員が校長先生に同じことを頼まれたとしたら、このように応対するのが普通です。さらにいうと、学校の組織は鍋蓋型であって、サラリーマンのような縦割り社会はもっと厳格です。

子どもたちが係の仕事に対して「はい。わかりました」と言わないのだとしたら、説諭が必要です。

ここでは、以下のことを**「威張らず」にきちんと説明し、心に響くように納得させるのがリーダーとしての務め**です。

・集団で行動する以上、自分の役割は最低限こなさないといけないこと。
・その指示に対して失礼な態度をとるのは非常識であること。
・指示がなくても自分たちで行動できる集団を目指すべきこと。

このような素地は、高学年の子どもたちにはある程度身についていますが、3年生はほとんどが教えられてもいません。「小学校の先生は幼稚園や保育園の先生とは違うのだ」と教えていかなくてはいけないのが3年生ですし、3年生に慣れてきた2学期こそがターニングポイントです。

ここまで読むと、「自分はどこまでがしっかりできていて、どこからがだめなのだろうか…」と不安に思う方もいるでしょう。そういうときは、ぜひまわりに相談したり、本を読んだりして、自分の世界を広げてください。**悩んだときこそが、自分を客観的に見られる絶好の機会**です。

しかし、です。

まわりの人や本はあなたを手助けしてはくれますが、解決には導いてくれません。

そもそも、「リーダーとしてうまくやれているかどうか」なんて命題に答えなどはじめからありません。**教育とは答えのない険しい道**です。何度も悩みながら、みんなで話し合い、みんなで知恵を絞って進んでいく道です。

ですから、最後に決めるのは自分です。

リーダーであるあなたが、どうするか決断するべきです。

子どもたちから反発されるかもしれません。

クレームが来るかもしれません。

しかし、真剣に向き合って導き出した結論こそが、自分の糧となります。

ぜひ本項が、教師としての子どもとのつき合い方を再考する機会になればと思います。

2学期

「クラス会議」を生かして、自治的な教室づくりをする

「自治的な教室」が、私が目指す教室です。

和があるけど個性があって、賛成があれば反対もあって、感情豊かであっても皆が一丸となって前に進むこともできて、自由であるというより、自由とは何か考え続ける意欲のある教室を目指しています。

にもかかわらず、私が前項で教師のリーダーシップを強く主張したのは、**集団には導き手が必要**だからです。

もちろん「教師も教室の1人として」という考え方があることもわかります。しかし、本当に教師が教室の1人になってしまったら、教室は騒乱状態になるでしょう。やはり、教師はリーダーとしての責任から決して逃げてはいけないのです。

しかしながら、リーダーが強権的に集団を統率してしまっては、やはり集団の成長は見込めません。リーダー自身もその責任の重さに押しつぶされてしまうでしょう。

ですから私は、**教室に民主的に自由に話し合える場を必ず設けます**。

その1つが「クラス会議（学級会）」です。

そこでの決定は、基本的にリーダーである私自身も覆すことができないほどです。それほど重きを置いているからこそ、子どもたちも真剣に意見を出し合っています。

しかし、学級会は今ではどの学級でもほとんど形骸化してしまっています。「運動会のスローガンを決める」程度が関の山ではないでしょうか。それすらも、よい作品から投票で決めてしまうクラスがほとんどです。もはや子どものころに学級会を経験していない若い先生も多く、廃れつつある文化です。

それはなぜか。

学校が結果に重きを置くようになってしまったからです。

「教科書をちゃんと教えた」という結果。

「平均点を上げた」という結果。

「いじめの総数が減った」という結果。

議題や結論よりも大事なのは過程（プロセス）

私は「過程（プロセス）」あってこその「結果」だと考えているのですが、今の教育現場は、プロセスを大切にする人的余裕も時間的余裕もありません。いつの間にか職場からも過程を貴ぶ雰囲気がなくなってきたように感じます。

例えば、クラス会議で「最近、女子と男子が仲良くすると冷やかす人が増えて困っているから相談に乗ってほしい」という議題が提起されました。子どもたちはこの問題について1時間めいっぱい話し合うわけですが、そのことについてどう感じるでしょうか。

「こんなことは、子どもたちが話し合うまでもなく、教師が『だめだよ』って言ってしまえば、それでおしまいじゃないの？」

「そんなことを話し合う時間があるのなら、算数を進めた方がよいのでは？」

「小学生らしいかわいい問題だな」

読者の先生方は、どんな考えが頭をよぎりましたか。

低学年なら、もっと幼稚に見える議題が出されます。それを「幼稚」と感じてしまうのだとしたら、まずはその認識から改めないと、学級会の指導はうまくいきません。

実は、3年生のみならず、学級会の指導は低学年からでもできます。私は低学年であるにもかかわらず、熱心に意見を交わし合っている学級会を（研究会などではなく）勤務校でたくさん見てきました。

3年生のうちから自分たちで話し合える素地を養っておくと、高学年になったとき、それが大きな力になります。

ここまで読んでやる気になったら、ぜひすぐにスマホで「クラス会議」「学級会」を検索してください。

私がおすすめしたい本は、赤坂真二先生の『赤坂版「クラス会議」完全マニュアル　人とつながって生きる子どもを育てる』（ほんの森出版、2014年）です。

3学期

3学期だからこそ、「繰り返し」にこだわる

ここまで、3年生の教室での指導ポイントを学期ごとに書いてきたわけですが、3学期は仕上げの学期です。

本書の内容で、もし「クリアできていないな」と感じる部分がある場合は、そこまで戻って再トライしてみてください。**3学期は新しいことに挑戦するよりも、一つひとつを点検するイメージで進めていきましょう**。

私は、3年生に限らず、小学校の指導は「**焦らず、あきらめず、根気強く、繰り返し**」だと思っています。

ここまで読んでおわかりかと思いますが、1学期、2学期と細かく書き進めているにもかかわらず、私が示す「やるべきこと」は他の本に比べて圧倒的に少ないのです。

子どもたちは、昨日話したことも忘れてしまいます（そこが大人にはない子どもの素敵

なところでもあるわけです)。だからこそ、「あれもこれも」と手を出すのではなく、繰り返しが肝要です。

３学期だからといって焦らなくて大丈夫です。**あくまでも、最後まで繰り返し**。初志貫徹でいきましょう。

さて、私が3学期に特に繰り返し指導するべきだと思うのは、**算数の基礎基本**です。「そんなの当たり前では？」と思われるかもしれませんが、高学年担任の経験が多い私は、３年生の算数がいかに重要か肌身でよく理解しています。

例えば、３年生は「かけ算の筆算」と「わり算の筆算」を学習します。これがいかに重要か。この「筆算」は5年生では「小数のかけ算・わり算」で使いますし、そもそも筆算ができないと「人口密度」も「円の面積」も計算できません。「図形」「面積」なども同様で、５・６年生では「多角形」や「立体」を扱います。

正直なところ、３年生の漢字がすべて書けなくても、何とかなります。しかし、**算数は積み上げが特に重要な教科であり、中でも単元数が増える3年生の算数はものすごく重要**です。２年生の「九九」は全員言えるように徹底して指導している学校が多いと思いますが、３年生の算数にも同じぐらいの覚悟で臨む必要があります。

繰り返しになりますが、特に計算です。高学年を指導していて、内容は理解できても計算ができずに挫折してしまう子どもたちを嫌というほど見てきました。日本の算数教育はまだまだ「計算は自力で」という考え方が根強いため、正直、計算ができないと算数は何もできないのと同じです。

漢字については、３年生の配当漢字が２００字あります。

１年生の80字、２年生の１６０字と増えていき、３・４年生が最高数になります。画数の多い漢字や抽象的概念を表す漢字が多数含まれます。

そのため、多くの子どもたちが３年生で脱落してしまいます。２年生まではなんとかもちこたえていた子が、テストで10点、20点を取り出すようになってしまう。これが現実なのです。

しかし、**だからといって、「学級全員、すべての漢字を読めて書けるようにしなくてはならない」などと考えるのは、非現実的過ぎます**。理想としては正しいですが、全員に２００字の漢字の読み書きを定着させるのは現実的に不可能ですし、やろうとするだけでも

○算数…かけ算・わり算の筆算など計算を徹底
○漢字…まずは「読み」だけはできるように
（「書く」はその次）

子どもたちへの負担は計り知れないでしょう。

ですから、**まずは「読み」だけはできるようにする、「書く」はその次です**。書けなくても、読むことができれば、高学年になったとき、最低限教科書は読めます。高学年で教科書を音読していて、漢字を間違えずに「正しく」音読できる子がクラスにいったい何割いるでしょうか。教科書の文章を満足に読めないようで、どうやって「深い学び」ができるでしょうか。

3年生は高学年へ「つなぐ」学年です。

子どもたちの先の姿を具体的に思い描いて、3学期は特に「何に重きを置くか」を判断していかなくてはいけません。大切な部分を「繰り返し」指導して、次学年へ送り出しましょう。

3学期

３年生の特徴を踏まえた「別れ」を演出する

先生大好き、友だち大好き、学校大好きな3年生。

素直でひたむきで正直で、生意気でわがままで感情的で…、１年も経つと、そんな子どもたちとの別れが寂しくなります。

これはどの学年にも共通するかもしれませんが、**最後はぜひ「この先生、このクラスでよかった！」と子どもたちが思えるような締めくくりにしたいもの**です。

３年生はとてもノリがいいです。「高学年だったらシーンとしちゃうかも…」と思うことにも、ノリよく反応してくれます。また、「低学年にはちょっと伝わらないかな…」というような難しいことも、３年生ならなんとか伝わるでしょう。

ぜひ、あなたらしい別れに向けた演出を用意してみてください。

ここでは、私が実際に目にした実践を３つ紹介します。

1つ目は若い男性の先生。

この時期、カウントダウンカレンダーをつくるクラスも多いと思いますが、この先生は自分でカレンダーをつくっていました。

毎朝、1年間のうれしかった出来事や感謝したいこと、クラスのすごいところ、成長したところなどを1つ紙に書いて読み上げます。時間があるときは絵をかいていましたが、時間がないときはマジックで文字だけ直書きです（それも子どもにはウケていました）。

毎日発表していると子どもたちも飽きてくるので、そんなときはクイズにして盛り上げます。スマホでドラムロールの音楽を流します。

2つ目は先輩の女性の先生。

この先生は最後の日に、必ず手紙を読み上げます。一人ひとりに手紙を書こうとするとハードルが高くなるので、パソコンで全体に対して書くそうです。「大好きです」「ありがとう」「こんなとき悩んだよ」など自分の気持ちを素直に書き、1人の人間として感情を込めて読みます。読み上げた後は、画用紙に貼ってプレゼントします。

3つ目は私と同じ歳の先生。

「褒め言葉のシャワー」の応用で、3年生向けにアレンジした実践です。最後の日の帰りの会で、オルゴールなどの落ち着いた音楽をかけて前に立ち、1人にひと言、1年間のお礼を言って握手をします（コロナ禍以前の実践です）。

ひと言が難しい場合は「ありがとう」だけでもよいそうです。高学年の場合、「ありがとう」だけだと時として冷たく聞こえてしまうそうなのですが、3年生は何とも表現しがたい温かい雰囲気が流れるため、かえって短い言葉の方がよい場合が多いそうです。また、3年生はある程度テンポがよい方が集中できるという理由もあります。

ここまで3つ紹介しました。どれも低学年や高学年でも実践できる内容ではありますが、実際に私が目にした、生きた実践です。

最後に私の実践です。

私は4月に撮った個人写真を一人ひとり大型画面に映しながら、メッセージをプレゼントします。ちょっと野暮になりますが、3年生の子たちも涙しながら喜んでくれました。

あなたの気持ちは3年生にもきっと伝わります。

ぜひ思い出に残る1年の締めくくりにしてください。

第4章

小学3年の授業づくり

▼▼「思いつき発言」「聞き返し」をさせない

3年生を担任してはじめに感じるのが、子どもたちの「思いつき発言」と「聞き返し」の多さです。「授業づくりの章の最初の最初がそんなこと…?」と思われるかもしれませんが、**落ち着いて授業を受けられる環境をつくり出すためには、避けて通れない問題**です。

とにかく元気がよいので、一度問いかけると収拾がつかなくなります。例えば、

「風やゴムで動くおもちゃづくりは2年生でもやったよね? 覚えているかな?」

と授業の導入で聞いたとします。

こういうとき、反応がないのも寂しいものですが、あり過ぎても困ります。

高学年なら程よく反応があって、教師の話を邪魔しません。もしくは「もっと反応していいんだよ」と促す場合もあります。

ところが、3年生は皆が皆自分の話をしたいため、全員が元気よく語り始めます。教師

がひとたび隙を見せると、あっという間に私語だらけになってしまい、授業が進まなくなります。そのたびに「静かにしなさい」と言わねばならず、本当に疲れます。

経験の浅い先生は、これを指導せずに許してしまいます。**手に負えなくなった段階で慌てて指導しても手遅れ**です。その段階では子どもたちは「先生が無視した」「自分の話だけ聞いてくれない」「急に怒るようになった」と不満や敵対心を露わにするでしょう。学級崩壊一歩手前です。

そこで、はじめにこうきっぱりと告げます。

「先生は授業中に軽く質問したり尋ねたりしますが、それはみんながわかりやすくするためにやっています。決してみんなが自分の話をする場面ではありません。先生の話を邪魔しないでください。でも、かといって反応がゼロだと寂しいよね。先生もうまくしゃべれません。あくまで先生がしゃべっているときは先生が主役です。**先生が話しやすくなるように、みんなも聞く態度をよくしてお手伝いをしてください**」

これで「思いつき発言」の8割はなくなります。

残りの2割は「無意識に口が動いてしまう」「わざとやっている」子です。何度注意しても、わざと繰り返す子には厳しく対応しましょう。「これ以上やると厳しく指導するよ」

と予告するとよいかもしれません。

それでも繰り返すようなら、「そんなに自分の話をみんなに聞いてほしいなら、2分間あげるからしゃべりなさい」と厳しく言います。これでたいていの子はやめます。

残りの1割の「無意識に口が動いてしまう子」は根気強い指導が必要です。本人に悪気があるわけではないので「今はおしゃべりの時間じゃないよ」と目で訴えたり、「そういうときは無視する場合もあるからね」と予告しておいたりします。多くは時間が経つにつれてだんだんと身についてくるので大丈夫です。


その他に多いのが「聞き返し」です。

3年生では、「体育館に集合」と指示したにもかかわらず、その直後に「どこに行くの?」と聞き返してくる子がたくさんいます。低学年では、聞き返さなくても、担任や支援の先生が連れて行ってくれます。したがって、子どもたちが聞き返すのは、自分でやろうとするようになった成長の証とも言えるのですが、本当に多くて困ります。

この「聞き返し」も、対応が後手に回ってはいけません。

つまり「さっき言ったでしょう!」と叱っても、「さっき」には戻れないので後の祭りです。それに、先生に聞くと怒られると悟った子どもたちは、結局友だちに聞こうとします。これでは問題は解決しません。そこで、

「今から指示を出します。聞き返しをしてはいけません。友だちに聞くのもだめです」

とはじめに念押しします。

これを毎回根気強く繰り返します。一朝一夕では身につきません。**地道にやるしか方法はないです**。

辛抱強く続けると、聞き返す子は減っていきます。それでも2、３人は残ります。なぜかというと、聞いてなくても困らないからです。ですから、教えたい気持ちをぐっとこらえて、あえて「困らせる」ことも時には必要です。

例えば「外遊びは鉄棒前に集合」という話を聞かず、教室で2、３人が困っていたとします。「鉄棒前だよ」と教えたくなりますが、ぐっと我慢しましょう。話を聞かないと困ることになる、という勉強の機会になるからです。もちろん毎回困らせてはかわいそうですが、こうした経験も時には必要です。

一方で、話をよく聞いたときにほめるのも大切です。子どもたちが聞きやすいようにわかりやすく話す工夫も必要です。

▼▼「挙手→指名」方式を改める

「7＋8ができた人？」

こう尋ねると、クラスのほぼ全員が手をあげる。

「このとき、くじらぐもはどんな気持ちだった？」

こう聞くと、クラスのほぼ全員が手をあげる。

これが低学年のクラスのよいところです。低学年はこれでよいと私は思います。なぜなら、難しい手法を取り入れるとかえって混乱しますし、一斉授業でも全員がついていける内容だからです。子どもたちも先生の話をよく聞いています。それが発言意欲によく表れています。

では、3年生はどうでしょうか。

全員が競って手をあげるでしょうか。変化のない授業に子どもたちは飽きていないでしょうか。そもそも一斉授業で一度に全員が理解できる学習内容でしょうか。

不思議なことですが、学校の先生の多くは、1年生から6年生まで、ほぼ同じように、この「挙手→指名」方式で授業をします。学習内容だけが変わって、授業のやり方は根本的に変わらない、という先生が大半です。**本来「1年生だからこの手法」「6年生だからこの手法」というように、授業のやり方を変えるのが普通**だと私は思います。

3年生に関して言えば、まず低学年から続いてきた「挙手→指名」に頼るのをやめるべきです。もちろん、必要があれば「挙手→指名」はします。けれども、それに依存するレベルではやりません。

今年度、私は5年生を担任していますが、「挙手→指名」は11月現在で2、3回くらいしか使っていません。それでも発言意欲はかなり高いと思います。専科授業では他の先生が「挙手→指名」をするのですが、クラスの大半の子が手をあげているのをよく見ます。

率直にいって、「挙手→指名」のような、子どもの発達段階にそぐわない、教師のご都合主義的なやり方を続けていくと、子どもの意欲はガタ落ちしていきます。では、どうすればよいのかというと、3年生では、私は次のような発言方法を取り入れています。

①列指名

「〇列目起立」と指示し、前から全員が答えます。「同じです」を禁じるのがポイントです。できる限り教師は代弁せず、頭から終わりまできちんと言わせます。例えば、「3！」などとは言わせずに、「3です」と言わせます。

②書いたら発言

「ノートに意見を書いた人は起立」と指示します。5人ぐらい立ったら、その場で発言させます。この間に、書き終わった子がどんどん立つので、テンポよく進めます。全員発言するときもあります。

③ペア発言

算数の考え方を発表するときなどに使います。ペアで問題の解き方を話し合い、どちらかが発表します。どちらが発表するかを教師が決めるのがポイントです。子どもたちに決めさせると、できる子だけが発言してしまいます。

④グループ内発言

グループで１人ずつ順番に発言していきます。時間があれば質疑応答ができるとよいでしょう。終わった後、ランダムで１人指名し、どのような意見が出たか聞きます。

これは３年（中学年）用なので、高学年ではあまりやりません。なぜなら、ノートに書くのは当たり前だし、指名されてきちんと答えられるのも当たり前だからです。しかし、現実は当たり前が身についていないので、１学期には比較的よく取り入れます。２学期からはグループ討論や調べ学習がメインになるので、「発言」というより「報告」という感じになります。私の場合、高学年はより質の高い学習を目指すので、やはり授業の手法はまったく変わってきます。

このように、**授業の中での発言の仕方１つをとっても、子どもの成長に合わせて変えていく必要があります。**

「聞く」「書く」「話す」のルーティンをつくる

低学年の授業では、あまりノートを取りません。せいぜい板書を写すくらいです。子どもたちの多くは「ノートは黒板を写すもの」と思っています。低学年時は1行書くのも大事なので、これは仕方がありません。

まれに、低学年のころからバリバリ書く訓練を受けている子たちもいますが、3年生はクラス替えがあるので、いろいろなクラスから子どもがやってきます。したがって、やはり**「ノートは黒板を写すもの」を前提とした方が無難**です。

そんな3年生に対して、

「このときの○○の気持ちを書きなさい」といきなり指示しても書けません。

そこで、私はまず**箇条書き**を教えます。

「ノートには、『・○○』というように書くんだよ」

と伝え、短く書くよう指示します。この**「短く」**もポイントです。

さらに、個数指定もします。

「書きましょう」ではなく、常に**「〇つ書きましょう」**と明示します。これも重要なポイントです。

この「箇条書き」「短く」「個数」の3つの条件がそろって、3年生はやっと全員が書けるようになる、というのが私の感覚です。

また、3年生を見ていると、ノートを取るのが速い遅い以前に、「書かなくてもいい」と思っている子がいます。どうやら、**「ノートに書きなさい」と言っても、「発表する子やできる子が書けばいい」と思っている**節があります。

確かに、低学年のころは、書くのが遅いので全員書き終わるまで待てないですし、子どもたちはノートに書いてなくてもバンバン発言します。

低学年のころは、ノートはメインではなく、あくまでサブだったわけです。

実は、高学年を担任していると、そういうノリのまま高学年に上がってくる子どもがかなりいます。高学年にもかかわらず「ノートに書くと言われたんだから全員書くんだよ」

と何度も言わなくてはいけません。それでも書かない場合は、書けた子どもから立たせて確認することが必要になります。ノートに対する意識が低学年のころのままだと、なかなか大変です。

そこで私は、3年生では**「聞く」「書く」「話す」のルーティンを徹底**します。

例えば、「〇〇の気持ちはどうだったでしょう?」と発問するなら、必ず「箇条書きで3つ書きなさい」と、発問だけでなく、明確な指示をつけ加えます。

たとえ小さな補助発問でも、必ずつけ加えるのがポイントです。**書く時間がなかったら「〇×」だけ書かせる、キーワードで書かせるなどの工夫をすればよい**のです。とにもかくにも「聞いたら書く」の徹底です。まれに指示を忘れたときに、子どもたちから「ノートに書きますか?」と聞かれるくらい徹底できたら〇です。

ここまでできるようになるのに、おおよそ2か月はかかります。**はじめは書くのがかなり遅いので、発問は1回の授業でせいぜい2つ**です。もどかしい気もしますが、後々の成長を考えて耐えましょう。

時間に余裕ができてきたら、「話す」段階にステップアップしましょう。普通に発表するのでもよいのですが、私は「書いたら話す」を全員に身につけさせたいので、先述の「ペア発言」や「グループ内発言」を多く取り入れます。

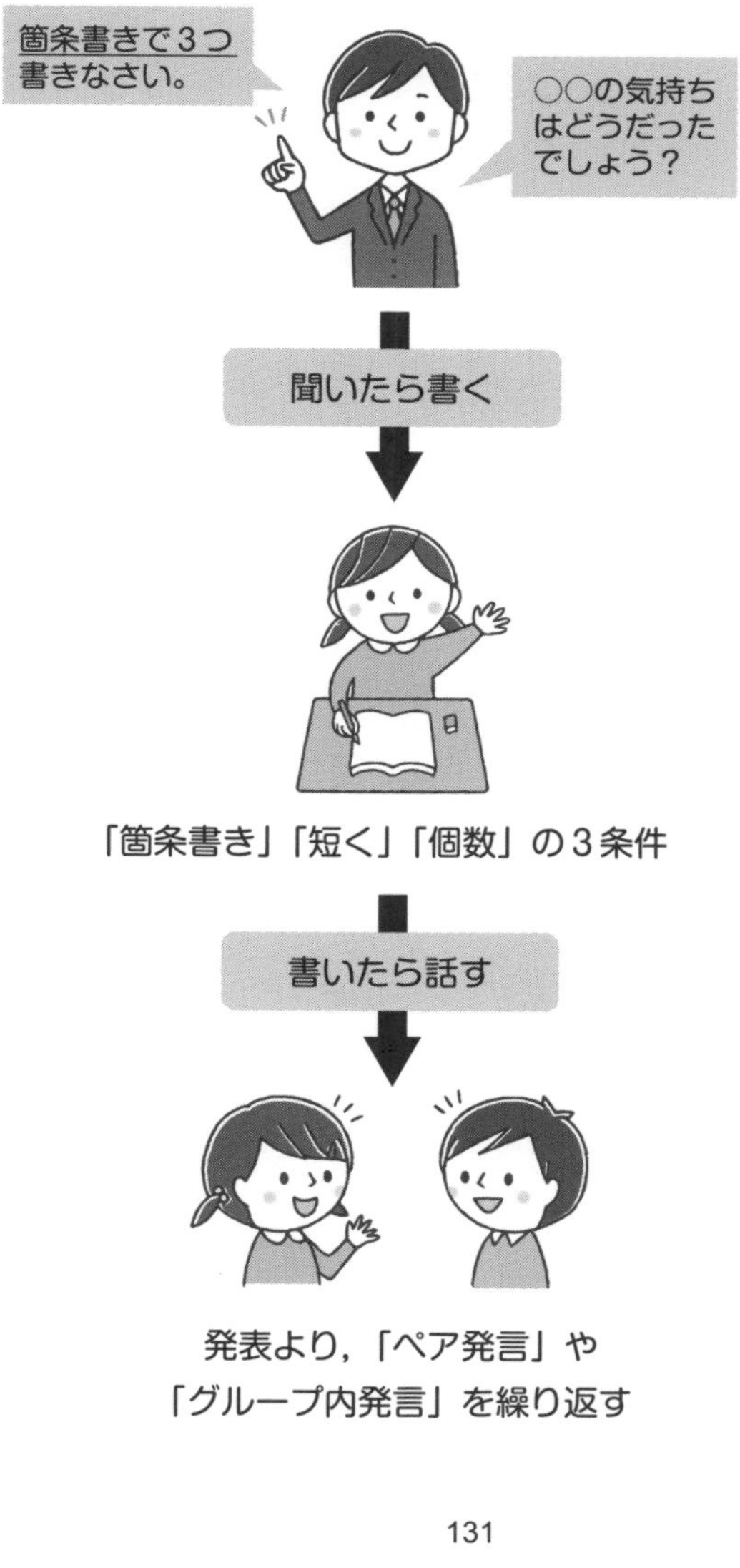
箇条書きで３つ
書きなさい。
○○の気持ち
はどうだった
でしょう？
聞いたら書く
「箇条書き」「短く」「個数」の３条件
書いたら話す
発表より，「ペア発言」や
「グループ内発言」を繰り返す

「評価基準」を示して努力も能力も並行して見取る

私の感覚ですが、高学年ともなれば、ひと昔前はノートに評価を入れるのが普通でした。ＡＢＣ、ハンコを使い分ける、○のつけ方を変えるなど、人によって違いますが、どの先生も子どものがんばりを明示していました。

ところが、いつしかノートに評価を入れる先生はめっきり減ってしまったように感じます。子どものノートに評価を入れてクレームが来たら大変だ、子どもから不平不満が出たら対処が面倒だ、そもそも評価を入れる時間がない…と理由はそれぞれあるでしょう。

私自身も、低学年のノートには評価を入れません。深い理由はなく、感覚的にまだ早過ぎるかな、と思うからです。

では、３年生はどうか。

・「授業を受ける意義」をうっすら感じ始める。

・得意不得意が出始める。
・報酬、獲得の感覚が育ってくる。
いずれも私自身の感覚的なものですが、これらは3年生の授業や評価に関わるところの特徴だと思っています。こうした特徴を踏まえて、私は3年生に対しては「努力重視」の評価を行っています。

具体的には、**「10個書けばAをつけます」**というように、必ず評価基準を示します。評価基準を明確にしておけば、後から不平不満が出ることがありません。3年生になると物事の理屈を考え始めますから、子どもたちもモヤモヤせずに済みます。

がんばれば必ず全員Aをもらえる場面で評価することがポイントです。例えば作文なら「2枚書けば必ずAをつけます」と伝え、不得意な子は教科書を写してもよいことにします。ただし、それでは不満も出ますから、内容がよい子、さらにがんばりが光る子にはAを2つつけてあげます。**努力に重きを置きつつ、能力も並行して評価する感覚**です。

ノートの評価1つとっても、考え始めると奥が深いものです。しかしながら、そこに教育の醍醐味があると思います。

「メモ」と「まとめのノートづくり」で、板書なし授業の下地をつくる

ノート指導に関しては先にも述べましたが、3年生でさらに一歩踏み込んで指導したいのが「自分のためのノートづくり」です。

これは、**ノートを書くのに慣れ、なおかつ書くのが早くなってくる2学期後半くらいから始める指導**です。

私は、授業によってはほとんど板書をしません。担任する学年が上がるにつれ、板書しない頻度は高まります。1年生から6年生に至るまで、同じように逐一板書をしていく授業の進め方に疑問を感じているからです。高学年にもなれば、教師が一から十までいちいち板書することがマイナスになる場合だってあるはずです（常識や形式を疑う姿勢を常にもちたいものです）。

例えば、話し合いや討論の授業では、板書は邪魔になるのでほとんどしません。その分、

子どもたちはたっぷり話し合う時間を取れるし、いちいち黒板を見て書く必要がないので集中できます。

とはいえ、３年生に対していきなり板書をしない授業をするのは現実的ではありません。そこで、私はその下地づくりとして「ノートに必ず自分の意見を書く」のに加えて**「メモ」**と**「まとめのノートづくり」**を指導しています。

「メモ」は簡単です。

グループでの話し合いのときや、だれかが発表したときに、短くメモをさせます。当然、全員が急にできるようにはならないので、最初は、日頃からメモするように伝え、メモをしているかどうか軽く確認する程度にとどめます。しかし、続けていくと、８割近くはメモできるようになり、習慣化すると言われなくても自然にできるようになります。**細かなところのさじ加減までは難しいので、「できるようになればいいや」というスタンスで臨むのがよい**と思います。

「まとめのノートづくり」は、理科や社会の学習の単元のまとめとして行います。

私は高学年のノートをストックしているので、それを子どもたちにお手本として配ります。**百聞は一見に如かず**です。よいノートは本人の許可を取って、積極的にコピーしておくとよいでしょう。もしストックがない場合は、1ページでよいので、教師がお手本をつくって配付するとよいでしょう。細々と説明するより、やはり実物を見せた方が早いのです。最近の教科書は、ノートのまとめ例が載っているので、はじめはそれを真似させてもよいかもしれません。

こうした指導が本当に花開くのは、子どもたちが高学年になってからかもしれません。やはり、3年生ではしっかり板書をする授業が基本です（あくまで私の感覚ですが）。しかし、**子どもに「ノートは自分で使いこなす」という感覚を身につけさせておくと、授業に変化をつけられるようになります**。

例えば、高学年のような話し合いや討論の授業はできなくても、「グループで話し合ったことをノート1ページにまとめて提出する」くらいならできるようになります。すると、一人ひとりに意見を聞いて、それを逐一教師が板書して…という、ありきたりな展開に変化がつけられるようになります。

このように、子どもたちがノートを自在に使えるようになると、授業のバリエーションが明らかに増えるので、自分自身も授業が楽しくなるでしょう。

○保存、消去が一瞬でできる。
○手書きで書き込みできる。
○席を立たずにノートの共有ができる。
…など、ICT 活用は、３年生でもメリット大！

なお、１人１台端末が実現した今、ＩＣＴ活用も積極的に行っていきたいものです。

例えば、MetaMoJi ClassRoom やロイロノートなどのアプリは、（ＩＣＴが苦手な私からしても…）明らかに便利なツールです。例えば、図にどんなにかき込みをしても、保存も消すことも一瞬でできます。さらに、手書きで自分の考えを書き込むことができ、全体に公開するのも一瞬です。席を立つことなく短時間で、他の子のノートを見て、よい考えを写すことなども可能です。

若い世代の先生にとっては当たり前かもしれませんが、私のように、ＩＣＴ黎明期、パソコンを使おうとするたびトラブルが発生して苦い思いをたくさんしてきた世代には、まだまだ「紙に書く方が早い」と思い込んでいる先生が多いと思います。そういう先生にこそ、ＩＣＴ活用をおすすめします。

「課題を決める」「やり方を決める」経験を多く積ませる

ここでいう学び合いは、いわゆる『学び合い』（『 』の学び合い）とは異なり、主体的な学習をもっと取り入れようというシンプルな提案です。

私は、高学年では自主性を重んじて授業を展開します。

例えば社会では、「日本の貿易の問題点をグループで3つあげて、現状と解決策をグループでまとめなさい」という課題を与えて調べ学習をさせたり、「自動車工場を海外に設置するのと自国で生産して輸出するのは、どちらの方がメリットが大きいか」というテーマで討論会を開いたりします。

しかし、多くの教室ではまだまだ一斉形式の授業が大半で、一斉形式以外の授業は、総合的な学習の時間で調べ学習の真似事をする程度というのが実情ではないでしょうか。

加えて、「話し合い」は、国語の単元で出てきたときだけ、もしくは算数の授業で隣の人と答えを確認する程度。私の知っている範囲では、これぐらいが現状です。

しかし、低学年では難しくても、ぜひ3年生からは少しずつ授業形式にも変化をつけていきたいものです。

具体的には、先に紹介したペア発言やグループ内発言がしっかり成立するようになってきたら、**子どもたち自身で「課題を決める」「やり方を決める」経験を多く積ませたい**ところです。

例えば、「消防署、警察署、市役所のうち特に調べたい施設を決める」「算数の教科書に載っている考え方のうち、自分が説明したいものを選ぶ」というように、**小さな場面でよいので「自分たちで選ぶ→学ぶ」という学習のスタイルを少しずつ取り入れていきます。**

もし可能ならそのままグループでまとめさせてもよいです。

または、目標を設定して、そこに至るプロセスを任せるようにもします。

例えば「わり算の筆算の手順を説明できるようにしよう」「冬に虫たちが姿を消した理由を説明できるようにしよう」とめあてを立てたら、そこから先の学習はグループに任せてみます。心配なら、どのように学習を進めるかあらかじめ聞いておき、困っているグループにはアドバイスをしておくといいでしょう。

このようにして「自分たちで決め」「自分たちでやり方を考え」「自分たちで達成する」という成功体験を少しずつ積ませていきます。もし学習の定着が心配であれば、「発表者は先生が決めるので、グループの全員ができるようにしておいてください」というように制約を設けると効果的です。


こうした主体的な学習を行ううえで、いくつか注意点があります。

1つ目は、**人任せにしないこと**。3年生のグループ学習では、できる子や得意な子たちだけで進めてしまうことがよく起こります。学級の実態に応じて、役割分担する、全員必ず意見を言う、などのきまりをつくるとよいでしょう。

2つ目は、**全員で情報共有すること**。グループで学習を進めているのに、それぞれのノートを提出させたら一人ひとりの内容に大きな差がある…という場合があります。3年生はまだまだ「自分だけできればよい」という意識が強いため、自分の情報を開示して共有する大切さを教えていきましょう。

3つ目は、**ボーダーラインを示すこと**。グループの全員が発表できるようにする、などの最低限の達成目標を明示しましょう。例えば「グループの友だちの意見をノートに書いて（写して）もいいから、必ず全員がノートを提出すること」のように、苦手な子でも達成できるボーダーラインを示し、全員が学習に参加できることを保障します。

また、最大の注意点は、**大がかりな学習にしないこと**です。

３年生では「単元を通して」「全教科で」このような学習スタイルを取り入れるのはまだまだ難しいと思います。

一斉形式の授業を否定しているのではなく、あくまで「効果的に」授業を展開するための方法として、本項で取り上げたような学習スタイルを提案しました。ですから、**はじめは教科を絞って、「ここは」というところで１～２時間を目安に行うところから始めるとよい**と思います。

グループ学習のポイントは、
①人任せにしない
②全員で情報共有する
③ボーダーラインを示す
そして、大がかりな学習にしない！

「教師の解」を示して、学びのあこがれを引き出す

「教師の解を示す」は、国語の授業名人・野口芳宏先生のお言葉です。

野口先生の模擬授業をはじめて受けたときの、あの奥深い発問への驚き。

深い研究に裏打ちされた、野口先生の明確な「解」。

そして「国語の発問には『解』が存在し、教師が身をもってそれを示さないとだめだ」というお言葉。

今でもはっきりと思い出します。私が野口先生にあこがれて国語の研究に足を踏み入れた瞬間でした。

以降、勤務校の先生には「国語の先生」と思われるのが常ですが、私はもともと理科を専門とする教員です。国語はどちらかというと嫌いでした。それがすっかり国語に魅了されてしまったのは、野口先生に対する「学びのあこがれ」に他なりません。こういう経験

をぜひ子どもたちにもさせたいというのが、私の願いです。

なぜ「願い」なのか。

それは正直、私の力量で子どもたちの学びのあこがれを引き出すのはまだまだ難しいからです。はりきって「教師の解」を示したところで、空振りするのはしょっちゅうです。自信をもって語ることが裏目に出るときもあります。

しかし、**3年生は先生が大好きで、大人に強くあこがれる時期**です。私は教師もクラスの一員として、学習に全力で参加したいと思っています。失敗を含め、３年生なら「さすが先生だ」「先生も一生懸命考えているんだ」と肯定的に受け取ってくれるはずです。

というのも、低学年だと「教師の解」と違った子たちが明らかにがっかりします。低学年はまず「当たった／外れた」「先生と同じだった／違った」に左右されるのです。

一方高学年は、教師に対するあこがれや学びのあこがれというよりは、「教師の解」に挑戦する喜びを感じ始めます。「教師の解」に対して積極的に異議を唱えてくるわけです（それはそれで楽しくてよいのですが）。

そう考えると、「すげーっ！」と感心してくれるのは、本当に3年生くらいかもしれません。「先生の考えを言うよ」と述べると、本当に目をキラキラさせて聞いてくれますから、ぜひ「授業っておもしろい」「学習って奥深い」と感じてほしいのです。

ここまで読んで、気負ってしまう方もいるかもしれませんが、そもそも、ここでいう**「教師の解」とは「正解」のことではありません**。今教師としての自分のもてる力量の限りを尽くして考え出された「自分なりの解」でよいのです。道徳の時間には教師の説話を一生懸命語ると思いますが、それと同じです。野口先生でさえ、授業の終わりには必ず「反論・異論はありますか？」と尋ね、ある場合は真剣に耳を傾けられています。

例えば「ごんぎつね」で「兵十が『ごん、おまえだったのか』と言った際の兵十の気持ちは？」という問いに正解などありません（正解があるべき問いではないとも言えます）。しかし、ここで、「みんなそれぞれ想像をふくらませて物語を読めましたね。とても授業が深まったと思います」と感想を述べて終わりにするのと、

「先生もこの問題についてよく考えてきたんだ。たくさん読み返して考えを書いてきたから聞いてほしい」

と言って語り出すのとでは、どちらが学びのあこがれを引き出せるでしょうか。

私が言いたいのはこういうことです。**「先生も本気で勉強しているんだ」という姿を子どもたちに見せることに意味がある**のです。

第5章

小学3年の子ども、トラブル対応

▼▼「落ち着きのない子」への対応

経験的に、「落ち着きのない子」の指導が一番大変なのは中学年です。3年生になると、俗にいう「はじけてしまう子」が多いのです。加えて、子どものもつ発達障害が顕在化するケースもあります。

幼稚園や低学年ではあまり見えなかった（または抑えつけられていた）部分が、3年生になって一気に噴き出すようなイメージです。座っていられない、黙っていられない、キレる、暴れる、教室を飛び出す…。

もちろん、低学年や高学年でも、このような行動を繰り返す子はいます。ただ、低学年のころからこのような行動を繰り返す子は、幼稚園のうちから適切な支援を受けていますし、その子のための体制も整っています。**3年生の場合、「低学年のときは問題なかった（またはグレーゾーンだった）」子たちの問題が顕在化してくるので、新たな支援体制を構**

築する必要があるというわけです。

それにもかかわらず、まだ「低学年のころはしっかりできていたのだから」と経験の浅い3年生担任を高圧的に指導したり、「なんとか学年内で収めてほしい」と見て見ぬふりをしたりする管理職や指導教員が未だにいるから驚きです。

「3年生になると子どもは変わる」のです。正直なところ、低学年の先生もそのことを十分考慮したうえでクラス替えをしなくてはいけないのですが、無自覚なケースが多いように感じます。

ですから、座っていられない、黙っていられない、教室を飛び出す…などの行動を繰り返すようになった場合、まずはまわりの先生に相談し、**必要があれば強く支援を要求しなくてはいけません**。自分1人で解決できる問題ではないことを自覚しましょう。私はこの自覚ができず、すべてを自分でこなそうとして職を辞してしまった先生をそれなりに見聞きしてきました。

一方で、そういった子たちも、高学年になると徐々に落ち着いてくる場合が多々あります。中学年のとき暴れて手がつけられなかった子でも、高学年になると話が通じるようになることはよくあるのです。そのためには、中学年時に支援体制を整えることがやはり重要で、指導に関して1人で抱え込む必要はありません。

さて、**「落ち着きのない子」に対する指導の第一歩は、「対処」ではなく「見極め」**です。経験の浅い先生を見ていると、まず「どう指導したらよいか」というところから思考が始まります。アドバイスを受けたり、本を買ったり、セミナーに出向いたり…間違いではありませんが、手順が正しくありません。そもそも担任が1人で指導に当たるべき問題なのか。そこを見極めることから出発しないと、ほぼ100%失敗します。

かくいう私も、ひと昔前は子どもたちの指導に自信があったので、1人でなんでもこなそうとするタイプの教師でした（そしてそれこそができる教師と思い込んでいました）。若気の至りというやつです。

落ち着きのない子がいたとしても、それなりにクラスをまとめられていると自信たっぷりでしたし、私はそれが教師の力量であり、やりがいだと勘違いしていました。今思うと、かなりのハッピー野郎でした。

しかし、実際はそうではなかったのです。むしろまったく逆で、落ち着きのない子が、あくまで私の指導に合わせてくれていたのです。高圧的で、やる気満々で、視野狭窄な私に渋々合わせ、がんばってくれていたわけです。そんなことにも気づかず、私はいい気になっていたわけです。

この経験から言えるのは、**「まとめられている」「指導できている」という状態が、本当にその子にとって適切な指導と言えるのかは怪しい**ということです。実際は、その子に多大な負担をかけているだけである場合もあります。

「指導できている」「落ち着いている」という思い込みに囚われず、まずは目の前の子どもの状態をしっかりと見極める。そういった「子どもファースト」の姿勢で子どもの成長を見守ることが、本当の教師の役目であると思います。

では、主任や管理職などとの話し合いの結果、教室で様子を見ていくのが妥当であると判断されたらどうするか。これは「その子による」というのが正直なところです。たとえ『クラスが落ち着く１００の方法』という本があったとしても、それはその人が考える１００の方法であり、他のクラスに合っているとは限りませんし、目の前の子どもに適切かどうかもわかりません。

ですから、まずは「分析」から始めましょう。例えば、教室を飛び出してしまうのだったら、「いつ」「どんなことで」「どのぐらい」そうなってしまうのか。アドラー心理学的なアプローチで、**まずは行動の原因と条件を考察してみてください**。

本人が落ち着いているときに、面談もします。3年生なので、高学年のように理由をうまく話せないかもしれませんが、そのときの気持ちや気分ぐらいなら話せるでしょう。さらに、**本人がそれに対してどう考えているのか、どのような願いをもっているのかも聞きます**。

問題行動が繰り返されるのなら、保護者にも早めに連絡しましょう。後手になってしまうと、「そんな状態なら、なぜもっと早く連絡してくれなかったんだ！」と言われかねません。

連絡する際の注意点として、**「学校で困っています（だから何とかしてください）」という「要求」のスタンスはNG**です。子どもの教室での事実は伝えますが、そこから先はまず傾聴に徹してください。学校でそうなら、保護者も少なからず悩んでいるはずなので、簡単な質問を交えて話を引き出しましょう。

そして、ここが肝心なのですが、**保護者の正直な願いを聞き出し、「できる限り協力し**

て指導に当たりたい」と伝えます。間違っても「教室で他の子と同じようにできるよう支援していきたい」などと言ってはいけません。それは教師自身の願望であり、子どもの願いでも保護者の願いでもありません。

例えば、保護者の願いが「学校に楽しく通ってほしいし、できれば教室にいてほしい。どうしても落ち着かないときは、折り紙などを折れば落ち着くから、そうさせてほしい」だったらどうでしょうか。折り紙を許容するかどうかは別として、少なくとも「授業はうまく受けられなくても、教室にいられるようになってほしい」という保護者の願いを最大限に汲み取らなくてはいけません。

あくまでこういった保護者の願いを傾聴したうえで、必要に応じて教育者としての提案をしていきます。そのためには、まわりの先生や管理職に相談し、折り紙のメリットデメリット、そもそもその願いを実現するのでよいのかなど、教育的な観点から慎重に検討しなくてはいけません。

このように、落ち着きのない子が出てきて困ったときに為すべきことは、本を開いて対症療法を探すことではなく、「分析」と「対話（傾聴）」です。

「手紙交換や内緒話を繰り返す子」への対応

私が3年生の女子を指導していて「大変だなあ…」と感じるのは、「手紙交換」と「内緒話」です。

ギャングエイジ真っただ中の3年生にとって、手紙交換と内緒話の秘匿性はこの上なく感じるらしく、**理由があったり悪意があったりするわけではなく、多くがただ単に楽しいからやってしまう**ようです。

高学年でも少しはあるかもしれませんが、問題になるほどではないし、注意すれば止めます。高学年ならそれくらいの自制心はあって当然ですし、授業中の手紙交換がこの上なく楽しいのだとしたら、精神的に少し幼いと言わざるをえません。

ところが、3年生はなかなか自制心が働かず、やめたくてもやめられない、自分はやめようと思ってもだれかが始めるとつられてしまうわけです。まずはこのような背景を理解しなくてはいけません。

私なら「なぜ手紙交換をしたの?」などとネチネチ理由は聞かず、反省と謝罪があれば「だめなものはだめ」で終わりです。だめな理由としては、「授業を受けるなら妨げてはいけない」「他の人の邪魔をしてはいけない」の2つでしょうか。

事前の防止策として、私はあらかじめ**「見つけたらその場で指導する」**と宣言しておきます。この手の問題は、持ち物と同じく逐次指導が大切なのですが、かといって突然の指導がマイナスに働く子もいます。「指導されたくないならやらないように」と常々伝えておくわけです。さらに「告げ口した子を責めたりしたら、ものすごく怒る」とも言っておきます。やはりこれも「告げ口されたくないならやらなければいい」わけです。3年生は告げ口が多く、それはそれで問題なのですが、この程度のケースは「告げ口が悪いのではなく、そもそもだめなのにやってしまうのが問題」と私は捉えます(このあたりのさじ加減は、場合によって変わりますが)。

もし、子どもたちが交換した手紙に友だちの悪口が書かれたりしていたら大変です。みんなにとって、この上なく後味が悪い。このような「行動の責任」も自覚させるとよいと思います。

「内緒話」も同様です。3年生はわざとその子に見えるように内緒話をしたりします。それがどれだけ相手を傷つけるかは二の次です。そういう行為が楽しく感じられてしまう年齢なのです。

高学年にもなると、「悪いことをしている」という自覚があります。ところが、3年生にはない場合が多いのです。だから、教えていく必要があります。場合によって多少は変わりますが、私なら「自分がされて嫌なことを人にしてはいけない」と言います。

こう言うと「自分はされても平気」と悪気なく言う子もいますから「大人になるということは、自分の行動が相手にどう伝わるか想像力を広げられることです。自分の物差しでしか物事を測れない人は幼稚です」とわかりやすくピシッと言います。

注意が必要なのは、**絶対に「された相手がかわいそうだから」というような同情論で語らない**ということです。「相手がかわいそうだから『やめてあげ』ないといけない」と伝わりかねないからです。

少し話が膨らみますが、これはいじめも同様です。「相手がかわいそうだからいじめない」なんて論理は、そもそもおかしいのです。いじめは相手に対する自分の愚かしい「甘

内緒話の指導は、「された相手がかわいそうだから」というような同情論で語らない！
→嫌な思いをした相手の気持ちを考えさせることは必要だが、あくまで自分の内面に目を向け、自省できるよう指導する

え」の表れであり、自分の性根に関わる愚かな行為です。

　もちろん、内緒話をされて嫌な思いをした相手の気持ちを考えさせることは必要ですが、それは同情論ではなく、**あくまで自分の内面に目を向け、自省できるよう指導しなくてはいけません**。

　考え方やアプローチの仕方には異論があると思いますので、ここで思考を止めず、ぜひ読者の先生ご自身の論を展開してみてください。

「他学年とトラブルを起こす子」への対応

3年生になると、子どもたちの行動範囲と交友関係は飛躍的に広がります。学校にも慣れて、高学年の友だちができ始め、兄弟が入学するなどして低学年とのつながりも増えます。これは間違いなく3年生から、と断言できます。

例えば、男子は遊び方が変わります。カードゲームやWi-Fiを使って通信でゲームをやり始めます。その他にも習い事を始める子が多いので、その子たちを中心にサッカー、野球なども盛んになります。他学年のチームメイトと知り合ったり、公園でカードゲームをする高学年に混ざったり…と、本当にネットワークが広がります。

しかし、3年生にとって、自由な場での他学年とのつながりは初体験に近いため、多くのトラブルが発生します。私が高学年を担任していて、他学年との間で一番多かったトラブルが中学年とのケンカでした。低学年は基本的に高学年の言うことには従順ですが、中学年、特に3年生はそういきません。かといって、自分たちでその場を収める力はないので、それがトラブルに直結するのです。

私はこういうとき、自分のクラスの子どもたちを問答無用で叱ってきました。高学年なのだから多少は損な役回りをするのは当然だし、そもそも年下の子たちと同じレベルでけんかするなんて、と思っていたからです。

ですが、3年生で経験を積んだ今、その子たちに謝りたいです。なぜなら、**3年生の主張は事実と異なる場合が多い**からです。

例えば、3年生担任のとき、「サッカーをしていたら、6年生が自分たちのボールを取って、遠くへ蹴り飛ばした」という訴えがありました。子どもたちは非難轟々です。他のクラスの子も混じっており、「口々にひどいことをされた」と言っていました。

私はそんな子どもたちに触発され、肩をいからせて6年生のところに行きました。

ところが、6年生が語った事実は違っていました。

「3年生がサッカーをやっているところの近くを通ったら、ルーズボールが来たから蹴って返した、しかしボールは思った以上に飛んでしまって、3年生に謝った」

他の学年の子たちも見ていたので間違いありません。

ここまでではないにせよ、3年生は主観で物事を語る場合が多いのは念頭に置くべきです。ここでは、私はいったん話を預かるべきでした。


また、こんなこともありました。

3年生担任のとき、ある出来事で高学年を注意しました。3年生からの訴えがあったので、その場で指導したのですが、私はそのことを担任の先生に伝えませんでした。放課後にその高学年の保護者から電話があり、担任の先生が知らないことが、大きなトラブルに発展することになってしまいました。


これらの経験で得た教訓は、**他学年とのトラブルは、緊急性がある場合を除き、いったん預かって教員同士で話し合う、指導した場合は担任の先生に（なるべくその日のうちに）必ず報告する**ということです。

3年生に対するケアも必要です。被害を受けた側だった場合はもちろん、事実に誤りがあったとしても、気持ちは受け止めてあげましょう。

3年生の主張は事実と異なる場合が多い！
→他学年とのトラブルは、緊急性がある場合を除き、いったん預かって教員同士で話し合う。指導した場合は担任の先生になるべくその日のうちに必ず報告する。

低学年に対する接し方については、日頃から「3年生は1・2年生のリーダーだから、少しずつ、お兄さんお姉さんの態度で接せられるようになるといいよね」と話しておくとよいでしょう。6年生が1年生に接するようにはできないかもしれませんが、「3年生は下学年のリーダーである」という自覚をもたせます。

また、機会があれば1・2年生と触れ合う機会をもつとよいかもしれません。私も、2年生にかけ算を教えたり、1年生と遊んだりする機会を（担任の先生にお願いしたうえで）もつようにしていました。

▼▼「登校しぶりを始めた子」への対応

経験上、登校しぶりは、3・5年生に多い印象があります。私が勤務している栃木県では、3・5年生でクラス替えがあるので、それをきっかけに来られなくなってしまうことが多いようです。また2学期から来られなくなるケースも多く、世の中で言われているように、4月・9月は特に注意が必要です。

どの学年にも共通しますが、**登校しぶりに関しては、絶対に1人だけで対応してはいけません**。また、早期発見が重要です。少なくとも、休みが2日続いたら、必ず保護者に連絡しましょう。**保護者も子どもの異変に気づいていない場合があるので、発熱やけがなど具体的な理由がない場合は、家での様子や学校での悩みについていくつか質問します**。

もしそこで登校しぶりがわかった場合、どう対応するか。私は、不登校対応の専門家ではないので、あくまで実感に基づく話にはなりますが、高学年に比べて、中学年は自己調整がまだまだ難しいと感じます。高学年なら、本人との約束を基に、少なくとも学校との関係は切らずに進められます。「朝来られなければ、給食には来る」「２日連続で休まないようにする」などと、本人の意思を尊重しながら、今後について相談していきます。

ところが、３年生はなかなか自己決定・自己調整するのが難しいようです。かといって低学年のように「がんばろう！」と後押しすればよいわけではなく、ここの見極めが本当に難しいところです。

私の場合は、こういうとき、**自分と違うタイプの先生に面談に同席してもらったり、アドバイスしてもらったりするのが一番**でした。私は「子どもの意思を尊重したい」と思うあまり、自分の意見を伝えたりリードしたりするのを恐れる傾向があります。面談に同席して不自然ではない先生は、教頭先生、保健室の先生、生徒指導の先生、同学年の先生、前学年の担任の先生でしょうか。これだけ先生がいれば、そのうちの１人は自分と違うタイプの先生がいます。その先生に自分の欠点を正直に伝え、保護者や本人との面談に同席してもらいます。

子どもや保護者に面談したい先生がいないか確認するのも１つの手です。**低学年で受け持っていた先生と話したい場合などもあるので、余計なプライドは捨てて、積極的にまわ**

りの先生に助けを求めましょう。

3年生は、**登校しぶりの具体的な原因がはっきりしている場合が多いのも特徴**です。夜遅くまでゲームをして朝起きられなくなった、クラス替えをして仲のよい友だちと離れてしまった、算数が難しくなって授業が辛くなった…というように、何らかの具体的なきっかけがあるわけです。それらを解消していくのも重要です。例えば、保健室の先生にお願いして、昼休みに仲のよい子と保健室で話せるようにしたら、少しずつ学校に来られるようになったというケースがありました。

また、3年生になると、母親（父親）が仕事に復帰したり、学童保育をやめたり、上の兄弟が受験を迎えたり…と、家庭環境が大きく変わる場合が少なくありません。「登校しぶりは学校での問題が原因」と考えてしまいがちですが、差し支えない範囲で状況をよく把握し、保護者と共通理解をしていく必要もあります。

その際に、**保護者と同じ目線で悩み、考え、気持ちを共有していく姿勢も大切**です。毎朝学校に行きたがらない子どもを、自分も仕事があるのに登校させるのは大変です。子ど

登校しぶりには、絶対に１人だけで対応しない！
→自分と違うタイプの先生に面談に同席してもらったり、アドバイスしてもらったりするのが一番。

ものために学校に協力してくださっていることに率直に感謝し、保護者の大変さを理解し、寄り添う気持ちをもちましょう。私自身も、妻の仕事が始まったにもかかわらず、毎朝幼稚園に行きたくないとしぶる娘をどうにかして出勤するのは本当に辛かったです。今では楽しく幼稚園に通えていますし、親身になって相談に乗ってくれた先生方に感謝しています。私も親になる前はまったくわからなかったので、少なくとも自分の身に置き換えて考える必要があったなといまさらながらに反省しています。

しかし、共感することで依存関係に陥り、自分自身がいっぱいになっては元も子もありません。繰り返しになりますが、**必ず他者の助けが必要**です。

▽▼「仲間外れ」への対応

「放課後の遊びは４人までしか入れない」と当たり前のように言う。
その子をわざと置いてきぼりにして違う子たちで遊ぶ。
目の前でヒソヒソ話をして近寄らないようにする。

このように、３年生は高学年ではあまり見られないような直接的な行動に出ます。同時に、わかりやすく、あまりにも直接的なので、本人やまわりの子から訴えがある場合が多く、早期発見が可能です。そういった点においては、高学年よりも3年生の方が指導のしやすさがあります。

そのかわり、３年生では、子どもたちの訴えの数が多いという特徴があります。**教師側も感覚がマヒしてしまい「みんなで仲良くするんだよ」「他の友だちと遊んだら」と真剣**

に向き合えなくなる場合があるので注意が必要です。すべてに全力で対処していたらキリがないのは事実ですが、深刻化してしまうと高学年と同じく解決するのが非常に難しくなります。一つひとつの訴えに対して、真剣に考えをめぐらす必要はあるでしょう。

「仲間外れ」には、大きく２つのケースが考えられます。

１つ目は、**仲間外れにされた子がグループのだれかとけんかをしている場合**です。仲裁したり、中立の立場でいたりするのは３年生には難しく、グループの子たちがどちらかに加担してしまいます。

２つ目は、**グループの全員が仲間外れにされた子を嫌っている場合**です。こちらの方は解決が難しく、中には取るに足らない小事を理由に仲間外れを正当化しようとする場合があります。

３年生でグループ化が進むのは、発達段階において正常な反応です。問題なのは、グループが固定化されてしまうことです。固定化されたグループでも、中学年は乗り切れるかもしれません。しかし、高学年では、固定化された人間関係が大きくマイナスに働きます。問題に対処しつつ、まだ柔軟な考え方ができる３年生のうちから交友関係を広げる取組

（原因療法）をするべきです。

過去の拙著でも繰り返し書いてきたのですが、**仲間外れやいじめは、逃げ場のない固定化された集団特有の現象**です。ある程度固定化されたグループは存在しても、それが流動的で、だれと一緒にいてもOKという雰囲気がクラスにあれば、仲間外れやいじめはそこまで大きな問題にはなりません。

私はよく子どもたちに**「どんなに仲がよくても、人の自由を奪ってはいけない」**と繰り返し、繰り返し話します。

例えば、Aさんと仲がよいのは構いません。それは自由です。しかし、Aさんの行動まで束縛してはいけません。何をするかはAさんの自由であり、一緒にいることを要求するのは自由の侵害です。極論すると、「友だちをやめる」のも自由です。いきなりそんなことをしたら、人としてひどいかもしれませんが、だれとつき合うかを決めるのはその人の自由です。

私は、こうした感覚が今の日本の教育には欠如していると感じています。大人でも、人間関係のすべてを自分で背負い込んで苦しんでしまう人がたくさんいます。「仲良くできないのは自分が悪い。自分が悪いから友だちが傷ついてしまったんだ」と。どうでしょう。

そもそも友だち関係とは、そういう依存的な関係なのでしょうか。

だから、自分たちの意思でずっと2人だけでいるような子たちには、「仲良くするのは自由だし、相手も望んでいるならやめろとは言わないけど、どちらかが友だちをやめたくなって、別のグループに行ってしまったら、残された方はどうなる？」と問いかけます。するとたいていの子は「他の友だちもつくっておいた方がいいな」と考え始めます。

親友はいてもいいし、ずっと一緒にいたい友だちがいるのは幸せなことです。でも、それだけではいけないと私は思います。ある程度いろいろな友だちと話せて、いざというとき相談したり助けてくれたりする「避難場所」があった方がよいのです。

こうした考えを十分伝えたうえで、「この1週間は普段遊ばない友だちと昼休みに遊ぼう」と投げかけて、新しいグループを組んで遊ばせたり、係活動でイベントを開いたりするとよいと思います。**ポイントは「友だちをたくさんつくろう」という呼びかけ方をしないこと**です。友だちの数の多い少ないが問題なのではなく、多種多様な人とゆるくつながる経験を積むことが大切なのです。

▼▼「保護者間や学校外でのトラブル」への対応

これまでも繰り返し書いてきましたが、3年生になると、子どもはいろいろな面で変わります。大人に向けた自立の第一歩を踏み出すのです。それは喜ばしい成長ですが、保護者にとっては同時に不安でもあります。それに加え、今まではなかったような保護者間のトラブルや公園やスーパーなどの学校外でのトラブルが起きます。

それらの対処法は本書の様々な部分で触れてきましたが、最後に書きたいのは**「線引き」**についてです。

どこまでが学校の責任で、どこからが家庭の責任なのか、保護者も（残念なことに）学校もよくわかっていません。

私は、子どもの発達段階特有の変容に関わるトラブルに関しては、保護者にも責任はないと思います。それまで子どもが大きなトラブルを起こしていなかったのなら、保護者に自覚して責任をもってほしいと考えるのは無理があります。

だからこそ、学校で責任を負うべきことの「線引き」が大切なのです。

以前、ネットニュースで「家で兄弟げんかをしているから先生に仲裁に来てほしいと電話で頼んだ」という記事を読みました。担任が管理職に相談したところ、答えは「行ってあげて」だったそうです。どのような経緯があったかはわかりませんが、「それはできません」と管理職が説明するべきです。ここまでではないにせよ、学校はこういう場所になってしまっているのが実情です。管理職すら「線引き」ができないのです。

実際に対処するのは担任です。ゆえに、担任はすべてを引き受けざるを得なくなり、経験の浅い先生ほど、「トラブルを解決できないのは自分の力量不足のせいだ」と悩んでしまいます。

でも、そうでしょうか。

これは日本の教育界が、教員個人に過剰な責任や働きを求める体質が生み出した弊害だと思います。給料分しっかり働く。本来これだけで最高だと思いますが、教員に対する要求は本当に多く、まったくもって（あくまで保護者ではなく、行政側の）期待過多です。

私は、**「明らかに担任の責任を超えているな」と思うような問題は、すぐに管理職に相**

談します。それで管理職がこちらに丸投げするようであれば、責任の所在をはっきりさせる覚悟でいますが、幸いなことに、今まで一度もこのカードを切ったことはありません。

現実的に、なかなかそんなことは言えないですし、私も実際はそうかもしれません。でも、苦しいときは、早めに管理職に相談しましょう。

本当に苦しいときは、「これ以上苦しい状況が続くなら、休みを取るか職を辞するしかありません」と言ってもよいのです。

学校の先生は、よくも悪くも真面目な人が多いので、「仕事を辞めたらすべて終わり」と考えてしまいがちです。でも、そんなことはありません。むしろ、教員免許は生涯の資格だし、今は人手不足で引く手あまたなので、リスタートするのは現実的にもそれほど難しいことではありません。

いつ辞める覚悟を示してもよいように、私生活を整えておくのも大切です。私は、2人の子どもを育てていますが、極力お金のかからない生活を送っています。酒もたばこもギャンブルもやりませんし、趣味はランニングと筋トレと読書と財形貯蓄。本は図書館で借りるからタダです。行きたくない飲み会は行きませんし、交友関係も本当に仲のよい友だちや家族限定。休日は子どもたちと公園に出かけ、お菓子づくりや料理、絵、工作をして楽しみます。ショッピングモールにも行きません。基本的に粗食を好むので、毎朝清々しい気持ちいっぱいで目覚めますし、趣味にもお金がかからないから、0円生活でも毎日ハッピーです。日用品は倹約・料理上手の妻が担当なので、私は最後にいつ自分の財布を使ったのか覚えていないくらいです。不本意にも仕事を辞めざるを得ないときに備えて、ライフスタイルを日々考えて生活しています（本当は、こういうことを書いた本がたくさん出るとよいのですが…）。

ここまで力説したのは、残念ながら、担任が「辞める」とまで言わないと本気にならない管理職が一部にいるのが実情だからです。これは本当に残念でなりませんが、自分の身は自分で守らないといけないのが今の学校の現実だと思います。

特に3年生は、多くの保護者にとっても未体験ゾーンに突入するので、保護者も先生も悩んでしまうことが本当に多いのです。ですから、こういった考えが、少しでも本書を読んでくださった先生方の気分を楽にできたらいいな、と私は願っています。

おわりに

最後までお読みいただき、ありがとうございました。

少し大きな問いになりますが、これからの教育はどのように進んでいくのでしょうか。

そのヒントは、悩み続けること、考え続けること、議論すること、話し合うこと、理解し合うことにあると私は思います。

今までの教育界は「こうあるべき」という揺るがない土台がありました。ですから「ハウ・ツー」で事足りていました。あくまで「どのように授業するか」「どのように対処するか」といった方法論が重要だったのです。

しかし、これからの教育は、一方的な方法論ではなく、相互理解、互助を最大限に生かしていく方向に間違いなく進んでいきます。これは、個別最適化、アクティブ・ラーニングなどの思想にもよく表れています。

そんな中で、今回「小学3年の学級担任」をテーマにした本書を書けたのは、私にとって本当に貴重な経験になりました。

「はじめに」に書いたように、3年生は低学年らしくもあり、高学年らしくもあります。

小学生のすべての特徴が詰め込まれているようであり、「こうあるべき」「こうするべき」が先生によってがらりと変わる不思議な学年です。新しい教育観への転換期の中、改めて教育について「悩む」「考える」には、まさにうってつけのテーマでした。

これからの教育は、考え続ける、対話を基に相互理解を生み出す方向に進んでいく。私はこのような観点を軸に本書を構成しました。単なるハウ・ツーではなく、経験を基に考え煮詰めたアイデアのバトンを渡す。本書はそんな内容になっています。ですから、本書を基に大いに論じていただけたら、著者としてこれ以上の幸せはありません。

最後になりますが、師である山中伸之先生、サークルの仲間、職場の先生方、クラスの子どもたち、保護者の方々、愛する家族、いつも様々な視点から企画、アイデアをくださる編集の矢口さん、この場を借りて、お世話になった皆様に深く感謝申し上げます。

2023年3月

須永吉信

【著者紹介】

須永　吉信（すなが　よしのぶ）

1986年生まれ。群馬大学教育学部卒業。

栃木県栃木市立岩舟小学校勤務。おやま教育サークル代表。

「授業道場野口塾」青年塾生。山中伸之氏に師事。

サークルの理念「良いものは良い　良いものは続く　良いものはいつか受け入れられる」をモットーに、日々授業や学級経営に励んでいる。研究分野は国語教育、道徳教育、学級経営など。

単著に、『6月からの学級経営　1年間崩れないクラスをつくるための戦略・戦術』『“やらせっぱなし”でも“隠れ強制”でもない　自主学習　THE REAL』『教師の持つ技術』『学級経営は「なぜ？」から始めよ』（いずれも明治図書）

小学3年の学級経営
ギャングエイジの担任術

2023年4月初版第1刷刊 ©著　者　須　永　吉　信
発行者　藤　原　光　政
発行所　明治図書出版株式会社
http://www.meijitosho.co.jp
（企画）矢口郁雄（校正）大内奈々子
〒114-0023　東京都北区滝野川7-46-1
振替00160-5-151318　電話03(5907)6701
ご注文窓口　電話03(5907)6668

＊検印省略　組版所　株　式　会　社　カ　シ　ヨ

Printed in Japan　ISBN978-4-18-245827-9